수령의
봉급과 지출,
공과 사의 경계

수령의
봉급과 지출,
공과 사의 경계

초판 1쇄 인쇄일	2025년 11월 19일
초판 1쇄 발행일	2025년 11월 26일
기　획	한국국학진흥원
지은이	박희진
펴낸이	한선희
펴낸곳	국학자료원 새미(주)
	등록일 2005 03 15 제251002005000008호
	경기도 고양시 덕양구 권율대로 656 원흥동 클래시아 더 퍼스트 1519, 1520호
	Tel 02)442-4623 Fax 02)6499-3082
	www.kookhak.co.kr
	kookhak2010@hanmail.net
ISBN	979-11-6797-267-5 *94910
	979-11-6797-264-4 *94910 (세트)
가격	13,000원

ⓒ 한국국학진흥원 인문융합본부, 문화체육관광부

* 이 책의 한국어판 저작권은 한국국학진흥원과 문화체육관광부에 있습니다. 신저작권법에 의해 보호받는 저작물이므로 무단 전재와 복제를 금합니다.

* 저자와의 협의하에 인지는 생략합니다.
　국학자료원 · 새미 · 북치는마을 · LIE는 국학자료원 새미(주)의 브랜드입니다.

박희진 지음
한국국학진흥원 기획

수령의
봉급과 지출,
공과 사의 경계

국학자료원

책머리에

한국국학진흥원은 2022년부터 문화체육관광부의 지원 아래 전통생활사총서 사업을 기획하였다. 이 사업은 전통시대 생활문화를 대중에게 널리 알리고자 해마다 20명의 생활사 전문 연구진을 섭외하여 추진해 왔다. 지난해까지 40종의 총서를 대중에게 선보였고, 올해도 다채로운 주제를 담은 20권을 발간하였다.

한국국학진흥원은 국내에서 가장 많은 67만여 점에 이르는 민간 기록물을 소장하고 있는 기관이다. 대표적인 민간 기록물이라 할 수 있는 일기와 고문서는 당시 사람들의 일상을 세밀하게 이해할 수 있는 생활사의 핵심 자료이다.

그동안 한국의 역사는 '조선왕조실록'이나 '승정원일기'와 같이 세계적으로 자랑할 만한 국가 기록물의 존재로 인해 중앙을 중심으로 이해되어 온 경향이 있다. 반면 민간의 일상생활에 대한 이해와 연구는 상대적으로 덜 주목받은 것도 사실이다. 다행히 한국국학진흥원은 일찍부터 민간에 소장되어 소실 위기에 처한 자료들을 수집하고 보존 처리하며 관리해 왔다. 나아가 이들 자료를 번역하고 심층 연구하여 대중에 공개했다. 이러한 민간 기록물을 활용하고 일반 대중에게 기여할 수 있는 효과적인 방법으로, '전통시대 생활상'을 생생하게 재현한 대중서로 집필하기에 이르렀다. 이는 일반인이 쉽고 재미있게 읽을 수 있는 전통생활사총서를 간행한 이유이기도 하다.

총서 간행을 위해 일찍부터 생활사의 세부 주제를 발굴하는 전문가 자문회의를 개최하고, 전통 생활문화를 가장 잘 구현할 수 있는 핵심 키워드를 선정하였다. 인간의 생활을 규정하는 보편적 분류인 정치, 경제, 사회, 문화의 큰 틀 아래, 매년 각 분야에서 핵심적이고 흥미로운 키워드를 선정하여 집필 주제를 정했다. 이번 총서의 키워드는 정치는 '지방 수령의 생활', 경제는 '시장 경제와 화폐 유통', 사회는 '질병과 의료', 문화는 '여가생활'이다.

각 분야마다 5명의 전공자로 집필진을 구성하고, 독자들이 어디서나 가볍게 들고 다니며 쉽게 읽을 수 있도록 다양한 사례를 풍부하게 담아달라고 요청하였다. 풍부한 사례 제시와 더불어 전문 연구자의 깊이 있는 시각을 담아 대중성과 전문성을 동시에 담보할 수 있는 것이 본 총서의 매력이다.

전문적인 서술로 대중을 만족시키기는 결코 쉽지 않다. 원고 의뢰 이후 5월과 8월에는 각 분야의 전공자를 토론자로 초청하여 2차례의 포럼을 진행하였고, 11월에는 완성된 초고를 바탕으로 대규모 학술대회를 개최하였다. 포럼과 학술대회를 통해 원고의 방향과 내용이 더욱 견고해지도록 점검하는 시간을 가졌다. 원고 수합 이후에는 각 책마다 전문가 3인의 심사 의견을 받았다. 출판사를 선정하여 수차례의 교정과 교열 작업을 거치며 완성도를 극대화했다. 책이 세상의 빛을 보기까지 꼬박 2년이 걸렸다. 짧다면 짧은 기간이지만, 2년의 응축된 시간 동안 꾸준히 검토 과정을 거쳤고, 토론과 교정을 통해 원고의 완성도를 높이기 위해 분주히 노력했다.

전통생활사총서는 국내에서 간행하는 생활사총서로는 가장 방대한 규모이다. 국내에서 전통생활사를 연구하는 학자 대부분을 포함하였다. 2024년도 한 해의 관계자만 연인원 백 명이 넘는 명실공히 국내 최대 규모의 생활사 프로젝트이다.

1990년대 이후 폭발적으로 증가했던 일상생활사와 미시사 연구에 대한 학계의 관심이 근래 들어 다소 소홀해진 상황이다. 본 총서의 발간이 생활사 연구에 활력을 불어넣는 계기가 되기를 기대한다. 연구의 활성화는 연구자의 양적 증가로 이어지고, 연구의 질적 향상 또한 이끌 것이다. 이는 전통문화에 대한 대중들의 관심 역시

증폭시키는 선순환을 만들어 낼 것이라 고대한다.

본 총서는 한국국학진흥원의 연구 역량을 집적하고 이를 대중에게 소개하기 위해 기획된 대표적인 사업 중 하나이다. 참여 연구자의 대다수가 전통시대 전공자이며 앞으로 수년간 지속적인 간행을 준비하고 있다. 올해에도 20명의 새로운 집필자가 각 어젠다를 중심으로 집필에 들어갔고, 내년에 또 20권의 책이 간행될 예정이다. 앞으로 계획된 총서만 100권에 달하며, 여건이 허락하는 한 이 소중한 작업을 지속할 예정이다.

대규모 생활사총서 사업을 지원해 준 문화체육관광부에 감사하며, 본 기획이 가능하게 된 것은 한국국학진흥원에 자료를 기탁해 준 분들 덕분이다. 다시 한번 깊이 감사드린다. 아울러 총서 간행에 참여한 집필자, 토론자, 자문위원 등 연구자분들께도 진심으로 감사 인사를 전한다. 책의 편집을 책임진 국학자료원에도 고마움을 표한다. 이 모든 과정은 한국국학진흥원 여러 구성원들의 노력이 있었기에 가능했다.

2025년 11월
한국국학진흥원 인문융합본부

차례

책머리에 4

1. 수령과 봉름   11
수령의 봉급에 관한 이해하기 어려운 의문점   13
봉름과 봉급   19

2. 봉름의 구성 및 규모: 인치   25
봉름의 형성과정   27
봉름의 구성   31
봉름의 규모   37
봉름의 재원   50

3. 봉름의 공적 지출: 덕치   61
봉름과 성리학적 공사관념   63
수령칠사   72
애민육조   81

민고의 설립 85
요예: 양리와 능리 96

4. 봉름의 사적 지출: 공과 사의 공존과 충돌 113

친친과 존존: 복수의리 논쟁 115
봉름의 사적 이용의 근거: 친친 121
사적 지출의 현실적 적용과 변용 126

나오는 말 140

주석 143

참고문헌 150

1
수령과 봉름

수령의 봉급에 관한 이해하기 어려운 의문점

『경국대전』 및 『속대전』과 같은 법률서에는 중앙 관리들의 봉급액이 품계별로 규정되어 있었다. 정1품 재상부터 가장 하위 품계인 종9품까지 품계에 따라 18등급으로 나누어 각 품계별로 봉급의 액수와 봉급의 지급 시기 그리고 수령 장소 등 봉급에 관한 사항들이 규정되어 있다. 경종 이전에는 음력 1월·4월·7월·10월 등 3개월마다 쌀·콩·베·돈 등으로 지급하였으나 경종 이후 매달 1일에 지급하였다.[1]

반면에 같은 국가 관료임에도 불구하고 지방 수령의 봉급은 그 금액이 따로 규정되어 있지 않았다. 오늘날 봉급의 개념이 아니라 봉름이라는 포괄적 형태로 책정되었으며, 군현의 크기나 비옥도에 따라 그 규모는 매우 다양하였다. 용어 자체도 생소한 봉름은 관료의 녹봉[봉급]을 의미하는 봉棒과 관청 경비 조달을 위해 지급한 토지나 물품 또는 창고를 의미하는 늠廩의 두 용어가 결합한 것이다. 봉름은 관청 운영에 필요한 음식 재료 및 난방을 위한 물품들로 구성되어 있으며, 이 중 지방 수령의 녹봉이 포함되어 있다. 각종 읍지나 사례들에서 봉름의 규모는 알려져 있으나 수령에게 지급되는 봉급은 관공서의 각종 업무에 대한 비용을 제하고 남은 것이므로 수령에게 실제 지급된 봉급이 얼마인지는 파악하기 곤란하다.

  봉름이란 용어에 처음 관심을 가지게 된 계기는 어느 연구자의 질문 때문이다. 어느 수령이 '봉름을 아껴서 책의 제작 비용을 마련하였다.'라고 하는데 수령의 봉름이 무엇이며, 봉름의 규모가 얼마나 되길래 책을 제작할 수 있느냐는 것이다. 그 이전에도 봉름이라는 용어를 보기는 했지만 단순히 관청에 필요한 비용 정도로 생각하고 있었던 필자로서는 대답을 할 능력이 없었다. 다만 16세기에 작성된 무명자 강백진의 『이존록彝尊錄』 지識의 언급을 비롯한 수많은 사례에서 알 수 있듯이 지방 수령의 봉급은 봉름의 일부분이라는 것과 봉름으로 관청에 필요한 식량이나 물품을 조달하고 나면 나머지는 임의로 활용할 수 있었다.

    곡강曲江(홍해興海의 고호임)은 비록 작은 고을이요 큰 지방은 아니었으나, 백진은 또 공의 가르침을 받아 성질이 천렵이나 사냥하는 일을 좋아하지 않았으므로, **쓸데없는 비용이 잘못 줄어서 봉름俸廩에 여유가 많아졌다.** 그래서 이에 일 없는 사람들을 모집하여 이것을 판각板刻하게 해서 일을 다 마치었다. 그리고 나서는 또 이 군郡에서는 혹 보호를 잘못할까 염려되어, 암소 두어 마리를 빌려서 이것을 싣고 <u>우</u>

리 고향인 일선一善의 부사府司로 옮기어 갈무리하고, 마침내 그 말단에 몇 마디를 기록하여, 고향에 있는 김씨의 종족宗族과 우리 곤제자손昆弟子孫들로 하여금 서로 지켜 잃어버리지 말아서 영원한 후세에 소중한 해범楷範으로 삼도록 기대하는 바이다.

—『이존록彛尊錄』 지識

위의 언급에서 우리는 다음과 같은 사실을 확인할 수 있다. 밑줄 친 내용에서 봉름을 아낀다면 사적인 문집을 만들 수 있었다는 것이며, 문집 판각을 고향으로 가져갈 수 있다는 것은 개인적인 소유가 가능하다는 것을 의미한다. 모두가 볼 수 있는 문집에 자랑스럽게 표현할 수 있을 정도로 봉름을 사적으로 사용하는 것이 문제가 되지 않는다는 것을 보여준다.

다음 사례는 매산 홍직필洪直弼의 매산집梅山集에 기재된 연안부사 홍명섭의 행장에 나타난 봉름에 대한 인식이다.

남평에서 임기를 마치고 돌아올 적에 봉름 수천 민緡을 내어 백성들에게 주어서 염산斂散함에 부족한 것을 돕게 하였다. 합천에 있을 때에 마침 기근과 역병이 함께 닥쳤는데 의약(醫藥)으로 죽어가는 사람들을 살리고 쌀과 고기로 살아있는 사람들을 구휼하였으며, 이웃 고을의 유리하며 구걸하는 이들에게도 똑같이 대우하여 인정을 베푸니, 온 경내에 굶어 죽은 시신이 없게 되었다. 혹자가 공에게 진자(賑資)를 감영에 보고할 것을 권하였는데 공이 말하기를, "내가 나의 물건으로 나의 백성들을 구제하는 것이니 어찌 보고할 필요가 있겠는가."라고 하였다. 갑오년(1834, 순조 34) 대상(大喪)이 났을 적에 규례대로 백성들에게 부의를 거뒀는데 공이 말하기를, "흉년에 백성들에게 거두는 것은 원망을 부르기가 쉬우니 군주를 선양하고 아래에 은택이 미치게 하는 방도가 아니다."라고 하고 또한 봉름을 할애하여 이를 충당하였다.[2]

홍명섭이 합천군수로 재직한 기간에 발생한 흉년과 전염병으로 백성들이 고통받을 때 정부의 구휼곡을 이용하여 구제한 것이 아니라 개인의 봉름으로 구휼하였으며, 이를 상부에 보고하지도 않았다. 보고하지 않은 이유에 대해 홍명섭은 '내가 나의 물건으로 백성을 구제한다.'라는 표현을 하고 있다. 관청 운영에 필요한 경비를 사용하고 남은 돈은 수령의 사적 수입으로 통용되고 있음을 알 수 있다.

중앙 관료의 경우 봉록이 매우 적어 유수원柳壽垣의 우서迂書에서는 "지금 경관京官이 받는 구료口料(녹봉祿俸을 뜻함)는 지극히 적어서 3품관 이하는 부유한 관청의 이례吏隸들이 받는 약간의 늠료廩料에도 미치지 못하고 있다."³라고 당시 중앙 관료의 녹봉의 실태를 지적하고 있다. 실제 이재 황윤석의 경우 중앙의 하급관리인 종8품 의영고 봉사 때 받은 녹봉은 매달 쌀 12말과 말 먹이용 콩[馬太] 6말이었으며, 종7품 종부시 직장으로 근무하던 때 녹봉은 매달 쌀 13말과 말 먹이용 콩 6말에 불과했다. 이 정도 녹봉으로는 그와 노비 1명이 하숙하던 주인집의 월세로 모두 지불해도 부족하여 녹봉 외에 추가로 일정 금액을 추가로 지불해야 할 정도로 박봉이었다. 당연히 생활 유지가 어려워 본가로부터 돈을 가져와 부족한 녹봉을 충당하였다.⁴

중앙 관료의 녹봉이 박봉인 데 반해 지방 수령의 봉름은 구휼하거나 문집을 발간하는 비용을 충당할 정도로 풍족하였다. 위의 홍명섭의 경우 남평현에서 이임할 때 남은 봉름 수천의 돈 꾸러미[緡]를 백성 구휼을 위해 희사하였으며, 합천군수로 있을 때 아전이 횡령한 돈을 갚기 위해 15,000전을 내었다.⁵ 이 금액들은 중앙 관료의 봉급으로는 생각할 수 없는 큰 금액이며, 남은 봉름을 수령이 사적으로 사용할 수 있다는 점에서 현대인의 입장에서 볼 때 수령의 봉름에 대해 의문을 가질 수밖에 없다. 현대 기준으로 볼 때 수령의 봉름은 합리적이지 않기 때문이다.

  현대를 사는 우리들의 관념으로는 이해할 수 없는 봉름에 대한 의문은 크게 3가지 정도로 요약할 수 있다. 첫째, 중앙관리에 대해서는 봉급이 규정되어 있음에도 불구하고 왜 지방 수령의 봉급은 봉름이라는 관수용 자금을 통해 지급되도록 허용했을까? 둘째, 봉름을 관청 운영에 필요한 자금으로 사용하고 남은 돈을 왜 수령이 사적으로 사용할 수 있도록 용인하였을까? 셋째, 봉름의 규모는 어느 정도인가? 15~17세기 당시 세계에서 관료제도가 가장 잘 정비된 조선과 같은 국가에서 통치체제의 미비로 발생하였다고 할 수는 없을 것이다. 이하에서 그 이유를 조선의 통치이념에 포함된 공사개념과 관련하여 살펴보고자 한다. 이를 위해 지방 수령의 봉름이 무엇이며, 그 재원과 지출 그리고 봉름의 사적 및 공적 이용에 관한 조선시대 사람들의 인식 등을 중심으로 조선의 행정체계에서의 공사개념을 살펴본다.

봉름과 봉급

유교적 관료 체계하에서 조선시대 지방 수령은 각 고을을 맡아 다스리던 지방관을 의미한다. 수령은 국왕을 대신하여 해당 지방의 모든 행정 및 사법을 담당하는 주체로서 존재했다. 수령은 중앙정부의 지시를 대변하면서 수령칠사守令七事를 통해 고을 백성들을 다스리고 군현의 발전을 도모해야 하는 주체였다. 그러므로 수령은 상급행정기관과 백성들 사이에 발생하는 여러 문제들을 조정하고 자신이 다스리는 백성들이 안정적으로 생활할 수 있도록 해야 할 책무가 주어졌다.

농사를 진흥하는 일, 호구를 늘리는 일, 교육을 진흥하는 일, 군사행정을 엄정하게 시행하고, 부세를 균등하게 부여하며, 소송 및 재판을 신속하게 하는 일 등 수령칠사와 권농, 접빈, 진휼 등과 같은 애민육조愛民六條 등의 업무를 수행하기 위해 수령에게는 일정 이상의 재량권과 재원을 부여하였다. 다산 정약용이 『경세유표』에서 "수령은 곧 옛날 제후와 같다."[6]라고 한 것처럼 실제 수령은 제한적인 자율권을 가진 통치자였다. 중앙 정부의 큰 정책 방향 하에서 자신이 맡은 군현의 백성들을 다스릴 때 발생하는 수많은 돌발적인 변수들을 능동적으로 대처할 필요가 있었다.

왕실 운영을 위해 1사 7궁이 있듯이 왕의 대리자인 수령이 능동적으로 고을을 운영하기 위해서는 재량권을 가진 재원이 필요했다. 근대적 관료제하에서는 지방 관료의 봉급, 활동비, 관수용 비용은 구분되어 지급되고 있는 반면 조선의 관료제하에서는 수령에게 지급된 봉름은 봉급 외에 통치 비용인 관수용 비용 일부가 포함되어 있다. 교통이 불편한 전통사회에서 복잡다단한 지방의 현안들을 일일이 보고한 후 중앙 정부의 명령에 따라 현안들에 대처하는 것은 비효율적이다. 수령칠사와 같은 각종 현안에 대해 정해진 법률이나 당시 상황에 맞게 처리한 후 보고하기 위해서는 지방관의 판단에 따라 선조치 후보고가 필요했으며, 이는 수령의 자율성이 보장되어야 가능하다. 또한 법률적으로 처리하기 곤란한 여러 가지 사정을 융통성 있게 처리하기 위해서는 지방관 당시의 환경이나 사정을 고려하여 조치할 수 있는 것이 엄정한 법을 그대로 집행하는 것보다 더 좋은 결과를 가져올 수 있다. 이는 지방 수령의 인격을 믿고 자율성을 통해 일 처리를 원활하게 하려는 유교적 인치人治라는 특성이 더해졌기 때문이다.

　유교적 인치는 유교 사상에서 통치자가 인仁을 바탕으로 인격적인 지도력을 발휘하여 덕으로 백성을 다스리는 통치 방식을 의미한다. 즉, 통치자가 백성을 자신의 가족처럼 여기고 그들의 안녕을 최

그림 1
전주 풍패지관, 국가유산청 국가유산포털에서 전재

풍패지관은 조선 전기에 건립된 전주의 객사客舍로 각종 의례를 행하거나 외국 사신이나 중앙에서 내려오는 관리들이 전주에 머물 때 사용하던 숙소이다. 전주객사는 정청正廳인 풍패지관豊沛之館과 동·서익헌으로 구분되는데, 풍패지관은 임금을 상징하는 전패殿牌와 궁궐을 상징하는 궐패闕牌를 모시고 매달 초하루와 보름에 대궐을 향해 예를 올리는 망궐례望闕禮를 행하던 공간이었다. 뿐만아니라 전문箋文이나 교서敎書를 올리거나 받는 의식, 관찰사를 맞이하는 의식 등 여러 의례 행사가 행해졌으며, 관아보다도 위계가 높은 관영시설로 고을의 중심부를 차지하는 상징적인 공간이었다.

우선으로 삼아야 하는데 이는 통치자의 도덕적 수양이 전제가 되어야 한다. 도덕적 수양을 갖춘 사람들만이 백성들을 자연스럽게 올바른 길로 이끌어야 한다고 믿었다. 그러므로 수양론은 유교에서 매우 중요한 덕목이 된다. "수신제가치국평천하修身齊家治國平天下"라는 대학의 유명한 명구에서 나라를 다스리기 위한 출발점을 수신에 두고 있음을 명확하게 하고 있다. 예를 통한 덕치의 구현을 위해서는 지역의 백성을 다스리는 수령은 윤리적으로 훌륭한 성품을 갖추고 있어야 백성들이 자발적으로 그를 따르고 사회가 평화롭게 유지될 수 있다고 보았다. 이와 같이 유교적 인치는 인간 중심의 도덕적 통치를 강조하는 방식으로, 이상적인 군주나 통치자들을 통해 사회를 안정시키고자 하는 관료체제였다.

높은 도덕적 우위를 통해 군현을 다스리기 위해서는 법률 이외에도 예치禮治가 필요했다. 예禮는 사회 질서의 기본으로 사람들 간의 관계와 사회적 규범을 유지하는 중요한 수단이었다. 통치자는 예를 통해 사회를 안정시키고 조화를 유지해야 한다고 본다. 수령이 봉급이 아니라 봉급과 활동비를 포함한 봉름으로 표현되는 특이한 봉급 체계를 가지게 된 이유가 여기에 있다. 수령을 감시 감독하는 많은 시스템이 존재하였지만, 인치를 수행하기 위해서는 수령이 가용할 수 있는 자율권이 최대한 보장되어야 하기 때문이다. 흉년 때에는 백성들을 구휼해야 하고, 농사를 지도하고 권농하기 위해 시찰과 접대와 같은 접빈이 필요했을 것이다. 중앙 관료의 봉록으로는 이를 감당할 수 없었다. 만약 수령이 도덕적으로 청렴하고 유능하다면 법치를 통한 통치보다 더 인정이 넘치고 바람직한 사회를 유지할 수 있을 것이다. 이와 같이 왕의 대리자로서 인의 정치를 시행하고자 봉록만이 아니라 통치 자금을 포함한 임의로 사용할 수 있는 봉름의 형태로 지급한 것이다.

지방 군현의 수령의 봉름은 결국 관료로서의 봉급과 이에 포함된 판공비 그리고 지방 통치를 위해 필요한 비용들이 포함된 것이므로 수령의 순수 봉급은 봉름의 일부분으로 파악할 수 있을 뿐 일률적으로 분리하기는 사실상 어렵다. 봉름이 해당 지역의 공물 수취량에 기반했기 때문에, 인구와 토지가 풍부한 군현의 수령은 상대적으로 많은 봉름을 받았으나, 빈한한 군현의 수령은 적은 봉름을 받을 수밖에 없었다. 그러므로 정확히 파악할 수 없는 지방 수령의 봉급을 봉름으로부터 분리하기보다는 봉름을 중심으로 수령의 봉급의 구성과 규모 그리고 지출 용도 등을 파악하는 것이 조선시대 수령의 봉급을 더 쉽게 이해할 수 있다. 이하에서는 봉름이라는 독특한 수령의 봉급 체제를 중심으로 살펴본다.

2

봉름의 구성 및 규모

: 인치

봉름의 형성과정

고려시대 이후 지방 수령에게는 공공업무를 수행하는데 필요한 비용을 충당하기 위해 조성한 전답인 공해전公廨田의 일종인 늠전을 지급되었다.[7] 중앙의 관료들에게는 품계에 따라 정해진 봉록을 지급하지만 지방 수령에게는 늠전인 아록전衙祿田과 공수전公須田 등 토지가 있어 여기에서 나오는 수입으로 지급되었다. 고려시대에는 수령의 봉급을 공수전에서 담당하였으나 조선시대 이후 아록전과 공수전이 분리되어 아록전이 수령의 봉급으로 책정되었다.

아록衙祿을 한자 그대로 풀이하면 관아의 녹을 먹는 사람을 위해 마련한 재원을 말한다. 조선 전기 아록전은 외관 녹봉의 재원이 되는 토지였고 공수전은 지방 관청에서 빈객의 접대와 기타의 잡종 경비인 용지用紙·유밀油蜜·포진鋪陳·약재藥材·등유燈油·시거柴炬炭 (땔나무·횃불·숯) 등의 재원이 되는 토지였다. 조선시대 고을의 늠전에서 나오는 수입을 받을 수 있는 사람은 관직에 있는 사람밖에 없으며[8], 판관判官이 있는 도·유수부·대도호부·목·도호부를 제외한 대부분의 고을에서 관직자는 수령밖에 없으므로 아록전은 수령의 녹을 지칭하는 것이다.

『경국대전』의 늠전조에 따르면 부府, 대도호부大都護府, 목牧 등

큰 고을에는 아록 50결과 공수 15결이 책정되어 있으며, 그 외 필요한 물품이나 용역들은 모두 공물로 받았다. 아록전은 50결을 기준으로 대도호부나 목, 부 중 판관判官이 있는 군현에는 40결을 더 지급하였다. 그리고 부임지에 가족의 동반 여부에 따라 지급 규모도 달라졌다. 만약 수령 혼자 단신 부임을 할 경우는 아록전 규모는 절반인 25결만 지급하도록 규정되었다. 공수전은 고을의 규모와는 상관없이 15결을 지급하였다. 그 외 백성들이 국역으로 봉사해야 하는 장인들의 노동력과 백성들로부터 거둬들인 각종 공물을 수령은 활용할 수 있었다.

　대동법 시행 이전 간행된 지방 읍지 등에는 봉름에 관한 항목이 등장하지 않고 있다. 그러나 위에서 언급한 강백진의 이존록은 대동법 이전에 간행되었음에도 불구하고 봉름이라는 용어를 사용하고 있으며, 각종 일기에는 봉급만으로는 충당할 수 없는 각종 선물을 중앙관료나 친지들에게 보내주고 있다. 봉름에는 아록위와 공수위를 제외한 지방 관청의 운영에 필요한 공물 일부가 실제 지방 수령의 봉름으로 간주되고 있음을 알 수 있다. 하지만 지방관청에 필요한 물품이나 용역 대부분을 지역 주민들로부터 현물 형태로 징수하였기 때문에 각 군현마다 징수하는 현물의 형태나 수량은 달랐다. 아록위나 공수위 등과 같은 일률적으로 규정할 수 있는 항목을 제외하고는 현실적으로 봉름으로 볼 수 있는 항목을 통일적으로 규정할 수 없었다. 수령은 현물로 징수된 공물 중 군현의 필요 업무에 사용하고 남은 다양한 종류의 현물이나 용역을 활용할 수 있는 재량권이 있었으며, 관행적으로 이를 지방 수령의 봉름에 포함하였다. 대동법 이전 지방 수령의 공물 활용의 재량권은 대동법 이후보다 광범위하였다. 16세기에 작성된 유희춘柳希春의 미암일기眉巖日記에는 1569년 윤 6월 16일에 해남의 수령이 숭어 다섯 마리, 피왜선 다섯 자루를 보냈고, 1570년 7월 24일에는 마른 숭어 한 두름, 큰 전복 한 접, 조기 다섯 두름 등을 선물로 보내왔다. 또한 오희문의 경우 40% 이상의 선물이 모두 지방 수령으로부터 온 것이었고, 그 품목은 쌀을 비롯한 곡식부터 각종 해산물 및 각종 기름까지 다양하였다.

  대동법이 실시된 이후 공물로 바치던 각종 물품과 장인들의 용역들이 대동미로 항목이 단순화되면서 봉름에 관한 구체적인 항목을 규정할 수 있었다. 아록과 공수 외에 난방이나 관료나 사신을 비롯한 여러 사람들의 접대 등에 필요한 잡세들을 봉름에 포함시켰다. 조선 후기 작성된 각종 읍지에서 이러한 변화를 알 수 있다. 함경도와 평안도 그리고 강원도 일부 지역 등 대동법이 적용되지 않는 지역에서는 여전히 아록과 공수만 있으며, 관수 항목은 없는 반면 지방 군현에 사용하는 각종 공물들이 존재한다. 이는 대동법으로 군현에 필요한 공물을 관수미라는 형태로 받아 사용하였음을 의미한다. 그러나 대동법으로 모든 공물을 대체하지는 못하였다. 봉름은 1756년에 발간된 『여지도서』에서도 이미 치계시탄이라는 잡역이 포함되어 있다. 지방에 할당된 대동세로는 지방 군현에 필요한 모든 물품을 충당하지 못하였기 때문에 이를 잡역세 형태로 민간으로부터 거둬들였다. 그리고 이를 봉름 항목에 포함시켜 공식화하였다.

이상과 같이 봉름이라는 항목이 공식적인 자료인 『여지도서』나 읍지에 등장한 것은 대동법이 실시된 이후이다. 조용조라는 조세 납부 체제가 성립된 이후 지방관리로 파견된 수령은 조세의 수납과 중앙으로의 상납을 총괄하였다. 수령은 납부된 공물을 우선적으로 중앙에 보내고 남은 공물을 지방 관청을 운영하는데 사용한 후, 정확한 몫을 알 수는 없지만 일정 부분을 활용할 수 있는 권한을 가지고 있었다. 이는 지방 수령제가 성립된 이후 그 형태는 변화하였지만 공물을 이용할 수 있는 권한은 지속적으로 유지되어 왔다. 다만 대동법 이후 대동세가 분리되면서 봉름 항목은 단순화되면서 수령의 공물 재량권에 대한 감독이 용이하게 되면서 수령의 공물 재량권은 대동법 이전보다 줄어들었다.

봉름의 구성

앞에서 언급했듯이, 봉름이란 관리의 봉급을 의미하는 봉俸과 관청 경비 조달을 위해 지급한 토지나 지급된 물품 지방 수령의 녹봉과 관청 운영에 필요한 경비 조달을 위해 지급한 물품이나 금전인 늠廩을 합한 용어이다. 『경국대전』이나 『속대전』과 같은 조선시대 법전에는 수령의 봉록에 대한 언급은 없지만 조선 후기 각종 읍지에는 봉름 항목이 있다. 지방 수령에게 주어진 늠전으로 지방 수령의 봉록을 위해 마련한 토지인 아록위, 수령의 빈객 접대와 기타 경비 마련을 위해 마련한 토지인 공수위, 관청에서 소비되는 곡식 및 물품의 관수미, 외국 사신이나 공직 수행을 위해 방문하는 사람들을 접대하는데 소요되는 비용을 마련하기 위한 사객지공미 등으로 구성되어 있다.[9] 그 외 일반적으로 관청에서 사용될 닭, 꿩, 각종 땔감 등과 그 외 관청에서 사용할 잡다한 여러 물품 등을 통칭하여 부르는 치계시탄雉鷄柴炭 등도 지방 수령이 사용할 수 있다.

수령의 봉름과 관련된 수입과 지출을 관리하던 부서는 관청색官廳色에 속해 있으며, 토지나 곡식으로 지급된다. 주로 많이 쓰이는 표현인 아록위는 지방 수령의 녹봉으로 지급된 전답을 말하며, 아록미는 이를 곡식으로 전환한 것을 말한다. 아록위는 공수위와 함께 국가로부터 면세 혜택을 받는 전답으로 이 전답에서 생산되는 곡식 중 일부를 수령의 봉급으로 지급하였다.

아록위의 수입만을 감안하면 지방 수령의 녹봉은 중앙 관료의 녹봉에 비해 상대적으로 낮게 나타난다. 수령이란 여러 사람들을 만나야 하며 시혜를 베풀어야 하므로 이처럼 낮은 아록미 수입만으로는 생활하고, 고을을 다스리기에는 많은 어려움에 봉착할 수 밖에 없다.

중앙 관료의 녹봉에서도 소위 품위유지를 위해 필요한 금액이 포함되어 있으므로 수령에게도 이러한 수입이 필요한데 이것이 공수公須이다. 공수는 사전적으로 공공의 목적에 필요한 일을 하기 위해 사용하는 토지나 돈을 의미한다. 아록위나 아록전 또는 아록미처럼 토지, 돈, 곡식 등에 따라 공수위, 공수전, 공수미로 표현할 수 있다. 공수전은 『경국대전』「호전戶典 제전조諸田條」에 의하면 공수위는 공공업무 중 주로 공적 업무를 수행할 때 필요한 음식이나 식사 또는 숙박을 위해 사용할 때 필요한 것이었다. 경기도 지평군의 아록과 공수의 사용 사례를 보면 지방 군현에서 기름, 꿀, 종이, 소금, 보리 등 현물을 수취하는 것이 아니라 아록전과 공수전에서 수취한 쌀 20석 8두 2승을 위의 물품을 구매하는 데 사용하고 있으며, 콩 10석 1두 8승으로 간장을 담그는데 사용하고 있다.[10]

이상과 같이 아록과 공수는 수령의 생활에 필요한 다양한 물품을 제공하기 위해 조성된 공해전이었다. 다산 정약용의 『경세유표』 「지관수제地官修制」 전제에 '아록衙祿이란 현령縣令의 늠전廩田이고, 공수公須란 현령의 주전廚田'이라고 기술되어 있듯이 아록전은 지방수령의 녹봉으로 쓰기 위한 토지이며, 공수전은 빈객의 접대와 기타 각종 수요에 쓰기 위한 토지인 것이다.[11]

『여지도서』를 비롯한 각종 읍지의 봉름조에는 아록미와 공수미로만 구성되어 있지 않고, 관수, 사객지공 및 치계시탄 등과 같은 항목이 포함되어 있다. 아록과 공수만으로 수령들의 생계유지는 할 수 있겠지만, 이를 아껴 문집이나 족보 출판 등과 같이 당시로써는 엄청난 돈이 필요한 사업을 추진할 수는 없다. 문집 간행과 같은 많은 돈이 드는 것은 역시 관수 등과 같은 예산 규모가 큰 항목에 의해 가능하였다.

이 항목들은 수령이 관아에 필요한 음식과 사신 및 공적 사무를 위해 사용하기 위해 지급된 항목들이다. 관수官需가 관아에 필요한 물품으로 지급되는 항목이므로 공물 조달을 위해 제정된 대동법 이후 만들어진 항목이다. 대동법 이전 아록공수는 관수 및 사객지공미나 잡역세를 모두 포함하고 있다. 대동법이 실시된 이후 관수가 공수에서 분리되면서 공수의 역할은 공무 수행을 위한 수령 및 관속들의 음식, 종이 등과 같은 경비 용도로 국한되었다.[12] 그러나 오횡묵의 총쇄록에 따르면, 수령이 손님을 맞이하거나 지역 유지 및 백성들을 만날 때 음식을 마련하는 등의 공적인 업무 및 대민 활동에 필요한 제반 비용을 제외한 나머지가 수령 개인의 실질적인 수입으로 남게 되었다.

 봉름 중 주된 비중을 차지하는 것은 관수 및 사객지 그리고 치계시탄과 같은 잡역세였다. 사객지공미는 출장 중인 관원과 내외 사절을 접대하는 데 사용되는 미곡으로 사객은 자기 관할 구역을 지나는 관료들을 말하고, 지공은 그들이 공무에 부족함이 없도록 필요한 음식물이나 일용품 등을 공급하는 재원을 말한다. 군현에 따라 큰 길이 있어 왕래가 많은 경기도 용인 같은 지역은 쌀 150석이 배정되기도 한다. 반면 교통이 불편하여 왕래가 적은 함경도나 강원도의 군현들도 있다. 사객은 공적 임무를 띤 관리들의 왕래 빈도에 따라 그 액수가 책정되었다.

 마지막으로 시계치탄가는 군현의 관청을 유지하고 행사에 필요하거나 수령과 관아의 보온을 위해 사용되는 재원이다. 밥을 하거나 겨울에 관아에 난방을 위해서는 땔감이 필요했고, 각종 행사나 수령 이하 관아의 사람들이 잔치를 하거나 석전대제와 같은 행사에 필요한 물품을 조달하기 위해 만들어진 항목이다.

하지만 관수와 치계시탄은 기본적으로 지방관청을 운영하는데 필요한 모든 경비를 포함하고 있다. 『대구부사례』(1895)를 보면 대구부 산하 6방에 해당되는 담당 부서에서는 각각 독립적인 예산을 부여받고 있어 이를 고을 수령이 마음대로 사용하기는 어려웠다. 고을 수령이 재량을 발휘할 수 있는 부분은 관청질이며, 여기에 관수미와 치계시탄가를 비롯한 여러 종류의 재원이 포함되어 있다. 『예천군신정사례醴泉郡新定事例』에도 관료들의 봉급인 관황官況조를 보면 관수미 3,120냥을 비롯하여 치계시탄가, 관청 및 공고工庫(官庫)의 잡물가 등을 포함 모두 6,314냥으로 기록되어 있어 수령이 융통할 수 있는 재원이 더욱 광범위했음을 알 수 있다.

평안도 정주목의 읍사례에는 좀 더 구체적인 항목들이 나타난다. 관황과 동일한 의미인 관청조를 보면 8,274냥을 매달 배분하여 향리와 감관의 요임, 반찬류의 구매, 기름, 꿀, 과일 등의 구매, 백성들의 빚 탕감에 사용하고 있으며, 시계치탄가 49석으로 향청과 관청 및 창고지기에게 따로 몫을 떼어 보내주었다. 여기에 과일이나 반찬류를 구입하기 위한 무선고貿膳庫 수입을 관청 및 감관에 분배하였으며, 관고 수입 4,685냥은 각 향청에 배분하고 있다.

이와 같이 아록미와 공수미 외에 관수미도 수령의 재량권으로 조정할 수 있었다. 정주목의 경우 거의 만냥 이상의 자금을 융통성있게 사용할 수 있었다. 각 향청이나 6방 등에 소요되는 필요 경비는 민고나 각 이전 수령들이 조성한 자금을 통해 조달할 수 있었으므로, 반드시 지출해야 되는 재원들을 제외한 나머지 부분의 관수미는 고을 수령이 융통성 있게 사용할 수 있었던 것이다.

 이상에서 수령의 봉름은 수령이 생활하고 고을을 통치하는 데 불편함이 없도록 녹봉, 먹을 곡식, 찬거리 그리고 품위유지에 필요한 소용품들을 국가에서 마련해 준 것이다. 그러므로 봉름은 순수한 봉급이라는 개인적인 수입 외에 지방 수령의 통치 자율성을 최대한 보장해 주기 위해 공용예산을 자율적으로 사용할 수 있도록 구성되었다.

봉름의 규모

앞에서 언급한 것처럼 『경국대전』 「제전조諸田條」에는 각 고을의 아록위로 지급하는 토지의 규모를 규정하고 있는데 부府·목牧은 50결, 군郡·현縣은 40결이며, 여기에 판관判官을 둔 대읍은 45결을 더 추가하여 지급하도록 규정하고 있다. 또한 가족을 동반할 수 없는 바닷가 지역에 근무하는 수령에게는 아록위의 절반을 줄여 20결만 지급하고, 나머지 20결은 가족들에게 지급하도록 규정하고 있다.

실제 각 읍에 이러한 규정이 잘 지켜지고 있는가를 살펴보기 위해 『여지도서』와 영남 지역 읍지를 비교해 보았다. 아록위의 규모는 약간의 차이는 있지만 대부분의 부府·목牧은 50결, 군현은 40결로 구성되어 있다. 또한 바닷가인 동래부, 거제부, 영덕현, 기장현, 남해현, 웅천현 등의 군현은 규정대로 절반의 아록위만 지급되고 있다. 또한 판관이 있는 대구에는 여기에 40결을 더 추가하여 90결을 지급하고 있다. 다만 영해부는 40결, 안동부는 59결이 지급되고 있으며, 진해현은 15결만 지급되고 있어 예외들이 있지만 대체로 『경국대전』에 나타난 규정이 잘 지켜지고 있음을 알 수 있다.[13]

<표 1> 영남 지역 군현별 아록미 규모

쌀	지역
10석 미만	영양 이상 1개 군현
10-14석	지례, 의흥, 진보, 군위, 청송, 영해, 청도, 문경, 풍기, 경산, 밀양, 순흥, 봉화, 예안, 언양, 성주, 함안, 비안, 함창, 함양, 연일 진해, 거제, 칠원, 이상 24개 군현
15-19석	동래, 곤양, 합천, 하양, 榮川, 永川, 삼가, 기장, 청하, 김산, 초계, 흥해, 고성, 용궁, 의령, 자인, 현풍, 창녕, 상주, 장기, 개령, 칠곡, 선산, 산청, 안동, 창원, 영덕 이상 27개 군현
20석 이상	대구, 경주, 웅천, 안의, 고령, 하동, 신령, 영산, 인동, 예천, 진주, 김해, 거창, 남해 이상 14개 군현

* 자료: 『여지도서』
* 주: 1) 콩은 『만기요람萬機要覽』「수세조收稅條」에 나타난 환산규정식에 따라 쌀로 환산하였음.
    2) 팥, 녹두는 가격이 콩과 같고, 찹쌀은 쌀과 같다고 상정하여 계산함.
    3) 공수위와 합계된 울산부, 양산군, 단성현, 사천현은 제외하였음.

아록위로부터 거둬들이는 수입은 쌀이나 돈으로만 거둬들이는 것이 아니었다. 면포, 콩, 팥, 녹두, 찹쌀 등 다양한 물품으로 표기된 경우가 많으므로 아록미의 규모를 측정하기 위해서는 돈이나 쌀로 환산하여야 하는 문제가 발생한다. 돈으로 환산하는 경우 물가수준에 따라 그 가치가 영향을 받기 때문에 이후 모든 봉름은 이를 쌀(米)로 환산하였다. 환산식은 『만기요람』에 조세정식에 나타난 쌀 1석에 포 3.5필, 콩 1석에 2.5필을 적용하여 계산하였으며, 찹쌀은 쌀과 가격이 같으며, 팥이나 녹두는 콩과 같다고 상정하였다. 물론 이러한 상정식으로 실제의 가치를 정확하게 계산할 수는 없지만 전체의 70% 이상이 쌀로 구성되어 있으므로 개략적인 규모를 살펴보기에는 큰 문제가 없는 것으로 보여 진다.

공수위로 지급된 토지는 기장현의 5결과 20결 정도인 거창부, 개령현, 진해현, 함창현을 제외하면 부목군현에 상관없이 모두 15결 정도가 책정되어 있다. 아록위와 공수미는 중앙 관료의 동일한 품계와 비슷한 규모의 수령의 봉급에 해당된다. 〈표 2〉의 아록위에 공수위를 합한 수령의 수입은 동일 품계의 중앙 경관의 녹봉과 비교하여 볼 때 전체적으로 비슷한 수준이다.

〈표 2〉 영남 지역 군현의 봉름 규모

(단위: 석)

군현	봉름					중앙 관료의 녹봉
	아록위(A)	공수미(B)	관수미(C)	(A)+(B)	(A)+(B)+(C)	
부·목	19.65	6.09	379.66	25.73	406.10	27.42
군	15.92	5.43	302.08	21.36	323.47	18.52
현	15.64	5.73	245.88	21.37	261.23	18.52
전체평균	16.82	5.78	294.00	22.60	312.85	21.49

* 자료: 『여지도서』, 『속대전』, 『만기요람』
* 주: 1) 중앙 관료의 경우 당하관 3품, 5품관, 6품관의 녹봉을 근거로 계산한 것임.
　　2) 노란콩[황두]의 경우 『만기요람』「수세조」에 나타난 환산규정식에 따라 쌀로 환산하였음.
　　3) 연해군의 경우 2배를 곱한 수치임.
　　4) 울산부, 양산군, 단성현, 사천현은 공수위와 합계된 수치이므로 제외함.

대동법 실시 이후 아록위와 공수위는 수령과 접빈객의 식대를 제공하는 용도로 그 기능이 변환되었으며, 그 결과 공수위를 굳이 아록위와 구분할 필요도 없게 되었다. 『여지도서』 및 각종 읍지에는 아록위와 공수위를 따로 분리하지 않고 아록, 공수위 항목을 합쳐 표기하고 있기도 하다. 경기도 9개, 충청도 21개, 경상도 4개 군현의 봉름 항목에서는 아록위와 공수위를 구분하지 않고 있다.

  어떤 군·현 지역의 수령의 수입은 부府나 목牧보다 많으며, 대읍임에도 불구하고 수령의 수입이 적게 책정된 경우도 나타난다. 이러한 현상이 나타나는 것은 지역에 따라 토질이나 작물, 또는 풍흉에 따라 수확량이 다르며, 이에 따라 거둬들일 수 있는 전세가 달라지기 때문이다. 그러나 각 군현들의 개별적인 차이에도 불구하고 군현별로 평균한 수령의 봉록은 군수나 현령·현감에 비해 부윤, 부사, 목사가 상대적으로 많다. 녹봉의 차이가 없는 중앙 관료와 마찬가지로 군수와 현령, 현감의 봉록은 거의 비슷한 규모이며, 그 규모도 중앙 관료의 녹봉과 비슷한 것으로 나타난다.

<표 3> 19세기 관수미, 사객지공미, 치계시탄가

(단위: 석)

	관수미	사객지공미	치계시탄가	계
용인현	100	150	16	266
청산현	100		200	300
예천군	300	25	319.4	644.4
비안현	227		78.7	305.7
문경현	180	66.667	207.9	454.6
대구부	340	95	360.5	795.5

* 자료: 『각사등록』, 각 『읍지 사례』
* 주: 1) 돈[錢]이나 다른 곡물로 표기된 것은 각 사례에 나타난 정식을 기준으로 쌀로 환산함.
   2) 치계시탄가는 치계시탄 외에 각종 어물 및 보양 약재를 비롯한 봉름과 관계된 모든 잡세를 합계한 수치임.

사객지공미는 경상도의 경우 71개 고을을 12등급으로 나누어 최하 쌀 10석石에서 최고 120석에 이르도록 차등을 두어 지급하였다. 그 기준은 고을의 크기와 함께 도로와 관련되어 있다. 예천군에 비해 고을 규모는 더 작은 문경현이 67석이 배정된 반면 예천군은 25석 밖에 지급되지 않았다. 문경현은 문경 새재로 대표되는 영남에서 서울로 올라는 영남대로의 길목에 위치한 반면 예천은 교통의 중심지가 아니기 때문이다. 결국 공무 수행자 수를 기준으로 지급되었으며, 서울에서 조선 팔도를 갈 때 반드시 거쳐야 하는 경기도 각 군현의 사객지공미가 가장 많이 배정되었다. 경기도 용인현과

진위현은 관수미가 100석에 불과한 작은 고을임에도 불구하고 사객지공미는 150석이 배정되었다. 이는 서울에서 삼남 지방으로 내려갈 때 머물러야 하는 지점이기 때문이다. 반면에 소백산맥의 교통 오지에 위치한 충청도 청산현의 경우 아예 사객지공미가 배정되지 않기도 하였으며, 강원도의 여러 군현에도 사객지공미가 배정되어 있지 않다.

치계시탄가로 대표되는 잡역세는 그 항목도 매우 다양하며, 지역마다 그 액수가 천차만별이다. 단일 액수는 가장 많으며, 주로 백성들의 토지나 호 및 개인 단위로 세금을 매기거나, 대동세 12두에 3두를 추가하여 잡역세詳定法를 대신하기도 하였다. 그러므로 그 액수는 그 고을의 토지 및 인구 규모에 의해 결정되며, 큰 고을일수록 많은 치계시탄가의 액수도 많은 것으로 나타난다.

〈표 3〉에 나타난 것처럼 봉름에서 관수미와 사객지공미 그리고 치계시탄가가 차지하는 비중이 아록미와 공수위를 합한 액수를 압도한다. 전체 금액은 지역마다 상당히 격차가 있으며, 이 항목을 어떻게 운영하는가에 따라 수령 개인의 수입에 큰 영향을 미쳤다.

대구부의 재정과 지출에 관한 회계를 작성한 『대구부사례』를 보면 수령이 처분할 수 있는 봉름의 규모를 짐작할 수 있다. 『대구부사례』에서 수령의 회계를 담당하는 부서는 관청官廳이다. 관청에

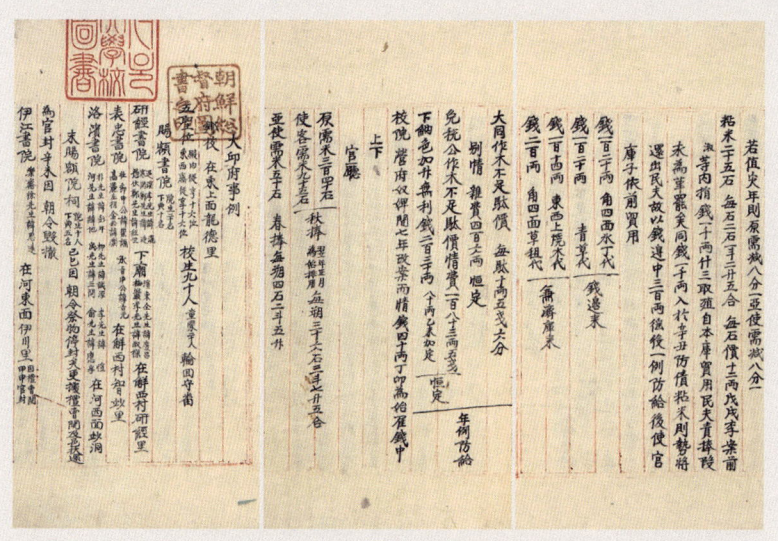

그림 2

『대구부사례』, 서울대학교 규장각한국학연구원 소장

『대구부사례』는 1871년(고종 8) 전국 읍지상송령에 의하여 경상도 각 읍에서 읍지를 상송하면서 함께 작성된 것으로 추정되며, 19세기 대구도호부의 각 관청별 재정 수입과 지출 현황을 비롯하여 중앙정부에 납입하는 재원 현황을 잘 보여 주는데, 부 내의 각방各房과 각색各色 별로 연혁과 재원 현황을 정리하여 대구도호부의 수입, 지출 방식 및 부세 운영의 실상을 파악할 수 있다.

책정된 규모는 필요한 재원 쌀 340석, 사객지공미 95석 도합 쌀 435석을 가을에 거둬들여 다음 해 1월부터 매달 35석 3말 7되 5홉씩 수령에게 할당되어 있다. 이는 당시 대구부의 관수미와 사객지공미를 모두 합한 금액과 동일한 금액으로 실제 매달 35석을 사용할 수 있으며, 매년 435석 정도는 마음대로 처분할 수 있는 금액임을 알 수 있다. 다만 재해가 있거나 흉년이 있는 경우 봉름의 1/8을 삭감하는 것으로 규정되어 있다.

수령이 얼마나 절약하는가에 따라 수령의 몫이 달라지겠지만 공용에 필요한 지출을 제외한 나머지를 활용할 수 있다는 점에서 수령에게 지급된 봉름은 수령이 획득할 수 있는 재원이 될 수 있다. 안정복의 『정관정요』에 따르면 수령의 봉름은 대동세 이전에는 봉름의 3할을 수령의 봉급으로 사용한 것으로 보여진다. 봉름의 1/3은 관아의 비용 그리고 1/3은 사객지공으로 사용한 나머지 1/3 정도가 수령의 몫으로 분배되었으나 대동법 실행 이후 월름으로 지급 관행이 변경되었다.[14]

<u>평안 감사의 연봉이 24만 냥인데 그 절반은 공용이다.</u> 9만 6천 냥을 경전사經田司에 납부하더라도 오히려 2만 4천 냥이 남는데, 얼고 주림을 걱정하겠는가? <u>황주목사黃州牧使의 연봉이 3만 냥인데 그중 1만 냥은 공용이다.</u> 1만 6천 냥을 경전사에 납부하더라도 그 나머지가 꼭 4천 냥인데 얼고 주림을 걱정하겠는가? 다른 곳도 모두 이와 같으니, 여러 말은 모름지기 들을 것이 아니다.[15]

실제 수령의 개인 수입으로 귀속되는 비중은 알 수 없으나 다산의 『경세유표』 전제조에 나타난 기록을 보면, 물론 과장되었을 가능성도 있겠지만, 수령이 봉름 중 공용으로 사용하는 금액은 30-50% 수준으로 수령에게 귀속할 수 있는 금액이 매우 컸음을 알 수 있다. 평안도 관찰사의 연봉 24만 냥 중 50%를 공적 부문에 지출한다고 기록하고 있으니 평안도 관찰사 개인에게 귀속할 수 있는 금액은 12만 냥이나 되며, 황주목의 경우는 연봉 3만 냥 중 공적 용도로 사용한 1만 냥을 제외하면 67%인 2만 냥을 수령 개인이 사용할 수 있는 금액이 된다.

수령의 품계에 부합하는 봉급은 아록미와 공수미 정도이지만 왕의 대리자인 수령은 고을을 관리하고 통치하기 위해 중앙관에 비해 관수미, 사객지공미, 치계시탄가 등을 관리할 수 있는 권한을 부여받았다. 비록 사적 봉급은 아닐지라도 실질적으로는 봉름을 절약하면 큰 금액의 돈을 모을 수 있었고, 이를 백성들의 구휼이나 백성들의 잡세 부담을 덜어줄 수 있었으며, 사적으로는 부모나 친지 그리고 친구들의 생활에 도움이 되는 물품을 공급하거나 문집을 만들수도 있었다.

그림 3
『여지도서』와 읍지

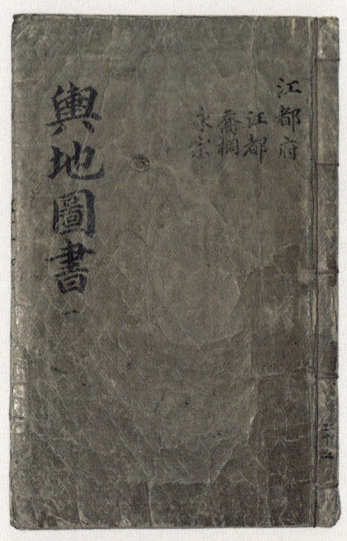

그림 3-1
『여지도서』, 서울대학교 규장각한국학연구원 소장

『여지도서』는 1757년(영조 33)~1765년에 각 읍에서 편찬한 읍지를 모아 편찬한 책으로 55책으로 295개의 읍지와 17개의 영지營誌 및 1개의 진지鎭誌 등 총 313개의 지리지로 구성되어 있다. 내용은 방면坊面·건치연혁·현계縣界·호총戶總·결총結總·군총軍摠·공해·단묘壇廟·산천·영니험이진도주척嶺泥險夷津渡舟隻·제언·성지城池·명현묘소·서원·전진유지戰陣遺址·고적·누대정관樓臺亭觀·봉수·사찰·기우제단·장시점막場市店幕·토산·충효열인忠孝烈人으로 구성되어 있다.

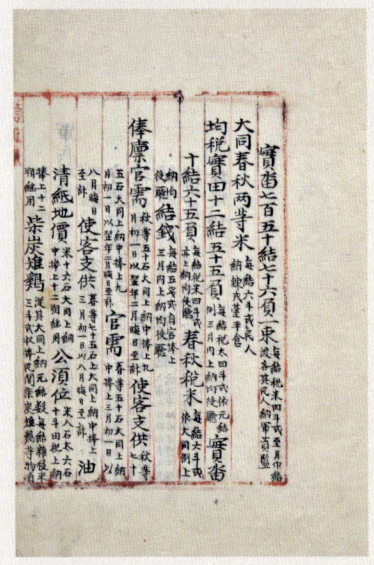

그림 3-2
『용인현읍지』,
서울대학교 규장각한국학연구원 소장

18세기 중엽에 간행된 『용인현읍지』로, 이하 내용 구성은 『여지도서』와 동일하다.

3-3

『간성읍지杆城邑誌』, 서울대학교 규장각한국학연구원 소장

『간성읍지』는 1884년 편찬된 강원도 간성군(지금의 고성군 간성읍)의 읍지로 내용은 대동소이하다.

3-4

『흡곡현읍지歙谷縣邑誌』,
서울대학교 규장각한국학연구원 소장

18세기 후반~19세기 전반에 편찬된 것으로 추정되는 강원도 『흡곡현읍지』. 현재는 북한 지역에 속해있으며, 내용 구성은 『여지도서』와 대동소이하다.

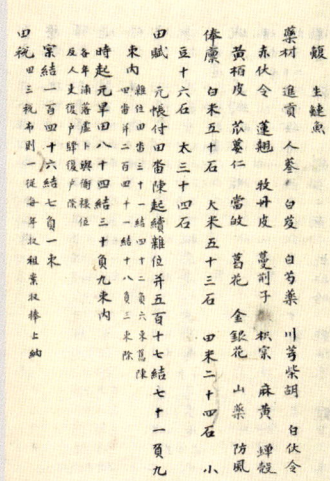

지금도 세사歲事(농사)가 조금 잘못되면 문득 백관의 월록月祿을 줄인다. 아아! 멀리 서울을 떠나와서 벼슬하는 사람과 가난한 관청에 복무하는 신하로, 달마다 10여 말의 썩은 쌀을 받아서 연명하던 자도 가끔 그 녹을 감해서 나라의 급박한 때를 돕는데, 하물며 후한 녹을 받는 자이겠는가? 사군문四軍門 대장의 연봉[歲食]을 계산해서 10분의 2만 주고 그 나머지로는 죄다 공전을 매입할 것이다. 사도 유수留守와 팔도 감사의 연봉을 계산하고, 합법이건 비합법이건 다 기록해서 남김없이 한다. 그리하여 공용公用을 제외한 실제 액수를 밝혀서 10분의 2만 주고 그 나머지로는 죄다 공전을 매입할 것이다. 사도 유수留守와 팔도 감사의 연봉을 계산하고, 합법이건 비합법이건 다 기록해서 남김없이 한다. 그리하여 공용公用을 제외한 실제 액수를 밝혀서 10분의 2만 주고 그 나머지로는 공전을 매입한다. 팔도 병마사兵馬使·수군사水軍使 및 큰 주·목州牧과 기름지다고 일컬어지는 군·현도 모두 위에서 말한 법대로 한다. 오직 연봉이 1천 냥 미만인 곳은, 그 고을 재력에 따라서 혹, 한 구역을 매입하고 혹은 반 구역을 매입해서, 더하지는 말 것이다.[16]

다산은 『경세유표』에서 지방 수령들이 개인적으로 가져갈 수 있는 금액을 전체 봉름에서 공적인 사무에 지출한 금액을 제외한 남은 봉름의 1/5만 수령에게 지급하고 나머지는 공전을 매입하여 관둔전을 확대해 백성들의 조세부담을 경감시키도록 해야 한다고 주장한다. 이는 공용으로 지출하고 남은 금액 대부분을 수령이 마음대로 사용하는 것이 당시 관행이었음을 의미한다.

봉름의 재원

봉름은 수령의 봉급과 군현의 살림살이에 필요한 물품이므로 기본적으로 전세와 공물이 포함된 복합적인 재원을 가지고 있다.[17] 수령 및 지방 관료들의 식사나 개인적인 접빈을 위한 기본적인 활동에 필요 재원인 아록미와 공수미는 토지세인 전세에서 나오며, 관청 운영에 필요한 재원은 대동세로부터 나오는 구조였다. 그 외 치계시탄가로 대표되는 잡역세는 대동세 12두에 3두를 추가적으로 부과한 상정법, 민간 토지의 결당[民結] 또는 개별 가구[戶] 또는 사람[夫]에게 부과하였다.

관둔전

일반적으로 아록미나 공수미는 각 군현에 소속되어 있는 면세 관둔전이 있어 대체로 이를 근거로 재원을 마련하였다. 아록전과 공수전은 『경국대전』「호전戶典 제전조諸田條」에 의하면, 각자수세전各自收稅田으로 규정되어 있다. 관둔전은 고려시대 이후 대동법 이전까지 존재했던 공해전公廨田으로부터 출발한다. 공해전은 기본적으로 관청의 운영 경비를 조달하기 위한 목적 관료들의 식대, 업무에 대한 보수, 사무용품의 제작 및 구입, 서적 필사와 간행, 제사와 빈객賓客 접대 등 다양한 경비를 공해전을 통해 조달하였다.

　세조 이후 중앙 각사의 공해전이 해체된 반면 지방의 공해전은 늠전의 형태로 계속 유지되며, 아록위와 공수미를 조달하는 재원으로 각 지방관아에서는 관둔전을 설치하여 조선왕조 내내 존재하였다. 『여지도서』에 아록전과 공수전의 규모가 일부 표기되어 있는데 경기도 영평현, 포천현, 과천현 등이 55결, 여주목, 이천도호부가 65결이며, 충청도의 경우도 부여현, 청산현이 모두 55결로 나타난다. 이것으로 보아 전국적으로 현은 55결이며, 부와 목은 65결의 민전으로부터 이에 해당하는 전세를 수취하였을 뿐 아니라 관둔전을 두어 부족한 세원을 확보하였다.[18]

　그러나 모든 군현에 아록위나 공수위가 있는 것은 아니었다. 아록전과 공수전은 과전법 체제하에서의 외관직전外官職田 또는 늠급전廩給田을 계승한 것으로 태종 때 이미 동북면에 아록전이 없어 이를 신설하였으며[19] 직접 지방 군현에서 조세를 직접 수취하는 형태를 띠고 있다. 관아에 속한 관둔전이 없는 일부 군현에서는 호조에서 지급하기도 한다. 경기도 용인현의 경우 상납하는 전세 중 일부를 공수위로 사용하기도 하였으며[20], 경기도 통진부의 경우 호조의 재원으로 아록미 또는 공수미를 충당하였다.[21] 관료의 녹봉을 지급하는 부서가 호조이므로 아록미와 공수위는 기본적으로 전적으로 수령과 기타 관료의 녹봉으로 책정된 것임을 알 수 있다.

대동세의 지방 유치미

대동법 실시 이전에는 지방관청의 운영에 필요한 개별 물품을 일일이 지정하여 백성들의 토지 또는 관청에 소속된 관둔전 등의 토지로부터 공물을 수취하였으며, 사람의 노동력이 필요한 경우 개인이나 개별 호 단위로 관청에서 노동력을 제공하도록 하였다. 그러나 대동법 실시 이후 지방 군현에서의 공물이 쌀이나 포목으로 통일되면서 지방관청에 필요한 비용은 중앙에 상납하는 대동미[상납미]를 제외한 지방에 유치하는 유치미留置米로 충당하는 것이 원칙이었다. 토지에서 결당 12두를 부과하는 대신 지방 경비에 필요한 경비를 조달하여 백성에게는 일체의 공물 및 요역 그리고 잡역세로부터 해방시키고자 하는 것이 대동법의 목적이기 때문이다.

실제 1746년(영조 22)에 편찬된 『속대전』에는 봉름과 관련된 항목을 대동미로부터 충당한다고 규정되어 있다. 대동법 실행 세칙인 「호서대동사목」과 「전라도 대동사목」에도 각 군현에 사용될 관수미, 사객지공미 등은 대동에서 지출되는 것이라 명시하고 있으며[22] 『여지도서』 「봉름조」에 나타난 재원들을 보면 여주목, 용인현의 경우 아록미, 공수, 사객지공미는 대동세의 저치미에서 나오는 것으로 명시되어 있다.[23] 그러나 지리적 경제적 환경이 각 고을마다 상이하여 실상은 이 원칙은 지켜지지 않았다. 『여지도서』나 조선 후기 『읍지』 및 『읍사례』 등에는 봉름의 재원이 표기되어 있어 원칙적으로는 백성에게 잡역을 거두는 관행은 없어져야 했으나, 실제로는 각종 경비를 토지 결수를 기준으로 지방민에게 징수하기 시작하여 토지 면적에 따라 조세[結役]를 납부하거나 호단위로 잡역세를 부과하는 경우가 많았다.

관수미와 사객지공미의 재원도 대동미의 지방 유치미로 충당되는 것이 원칙이다. 이는 관수미와 사객지공미는 관청에 공적인 업무에 필요한 공물을 지출하는 항목에 해당한다는 것을 의미한다. 그러나 대동법이 적용되지 않는 함경도와 평안도 그리고 산촌인 강원도의 경우 관수미와 사객지공미 항목이 없다. 지방재정 수입형태가 다른 도의 군현과는 다르게 적용되었다. 3개 도의 경우, 수취 규모로 보아 다른 지역의 관수미와 사객지공미 항목이 모두 포함된 것이지만, 대체로 관수미나 사객지공미 항목 대신 아록과 공수위의 항목으로 관청에 필요한 비용을 충당하고 있다. 그 재원은 두 가지 형태를 띠고 있다. 공물을 감당할 수 있는 관둔전이 충분히 확보되어 있는 평안도 중화부의 경우 관둔전에서 관청 살림에 필요한 쌀과 보리 등 곡식을 충당하고 있는 반면[24], 평안도 평양을 비롯한 대동법이 시행되지 않은 대부분의 지역에서는 전적으로 일반 백성들의 토지[民結]로부터 필요 경비를 조달하고 있다.[25]

민간 토지 및 가구

치계시탄가는 국가에서 책정된 세금이 아닌 지방 군현에서 책정한 세금이었다. 대동세에 3두를 추가하여 잡역세를 일괄처리하는 상정법을 적용하는 지역도 있지만 대체로 『여지도서』의 봉름조에 기록된 치계시탄가의 재원은 백성들의 토지[民結]나 개별 가구[民戶] 또는 개인[民夫]에게 징수되었다. 대동법의 설치 목적에 따르면 지방 유치미는 지방 각 관아의 모든 경비와 중앙 및 감영에 상납해야 하는 데 필요한 제반 경비를 모두 지출할 수 있어야 한다. 그러나 마땅히 유치미로 사용되어야 할 지방 경비의 일부는 급박하게 지불되어야 하는 비용이 발생하였다는 명목으로 계속 백성들에게 잡역세의 부담을 지우고 있었다. 특히 균역법 이후 잡역세의 부담은 증가하여 경상도 청도의 경우 치계시탄가의 부담을 농지에 부담시켜 전결당 5전 5푼의 세금을 새로이 신설하였다.[26] 전라도의 경우, 각 관아에서 쓰이는 꿩·닭·땔감·얼음 등이 전자의 명목으로 계속 현물 징수되었고, 그 외 호적 작성시 비용과 수령 교체시 발생하는 비용, 시험장의 설치 및 시험관리 비용, 쇄마비, 화약의 연료인 염초 조성 비용 등으로 추가 잡역세를 징수하였다. 특히 균역법의 실시 이후 중앙으로의 상납분이 증대하면서 각종 잡역세를 토지나 호 단위로 추가 부가하는 경향이 뚜렷하게 나타났다.

한번 신설된 잡역세 항목은 관행적으로 유지되었으며, 특히 수령의 교체가 잦은 조선사회에서 수령을 맞이하고 보내는 비용이 민간에게는 부담이 될 수밖에 없었다. 18세기 중엽 이후부터 상납미의 증액으로 인하여 유치미의 부족이 날로 심화됨에 따라, 유치미로서 충당하던 대부분의 경비가 점차 농민의 부담으로 증가하게 된 이유가 여기에 있었다. 특히 균역법의 실시 이후 상납미의 비중이 높아져 지방재정의 궁핍화가 진행되면서 점차 지방 관청의 업무에 필요한 각종 물품을 잡역세로 징수하는 비중이 증가하게 된다.

『여지도서』에 따르면 치계시탄가 중 가장 많은 159개 지역이 토지 단위로 수취하고, 95개 군현에는 가구 단위로 부과하였으며, 많은 지역이 토지와 호를 모두 부과하고 있었다. 그 외 평안도와 강원도 함경도의 7개 군현은 화전세를 수취하여 부족한 시계지탄가를 충당하고 있었으며, 평안도 강계부에서는 산삼을 채취하여 공물을 보충하기도 하였다[採蔘入山軍捧].

불법적 재원

　잡역세의 증가로 인해 백성들의 부담이 증가하자 많은 종류의 민고民庫를 조성하여 치계시탄가를 부담하기도 하였다. 민고는 조선 후기 지방 군현이 정규 부세賦稅 이외의 잡역雜役 및 기타 관용 비용을 조달하기 위해 설치한 토지나 돈을 의미한다. 『여지도서』에 나타난 민고는 평안도의 박천군의 경우 군수 이사순李思順이 40석의 봉름을 아껴 대동고를 설치하였고, 함경도 경원부는 진전이었던 전답을 개간하여 606결 중 90결을 바닷가 사람들이 병영에 납부해야 하는 대구가大口價를 대신하여 잡역세를 경감시키기도 하였다. 그 외 경기도 양근군에서는 민간에서 돈을 마련하여 납부함으로써 마을 자체에서 잡역을 면제받은 제역촌 또는 계방촌契房村의 지위를 획득하기도 하였다.[27]

　민고에서 치계시탄가를 조달하기 위한 방안은 조선시대의 전형적인 관청에서의 자금조달 방식인 수령이나 민간에서 일정한 금액의 자금을 마련하면 이를 일반 백성에게 빌려준 이자를 마련하는 것이다. 원금은 보존하고 이자만으로 치계시탄가를 마련하는 행태[存本取利]가 일반적이었으며, 그 대상은 일반 백성들이었다.

　그 외 공식적인 봉름은 아니지만 보고되지 않은 토지인 여결 또는 은결로부터 수세하는 수입이 있었다. 당시 각 군현의 각종 기구들이 비공식적인 재원을 이용하여 독립적으로 운영하는 재정이 있었는데 『이재난고』에서도 황윤석이 여결이라 부르는 출처가 불분명한 재원을 사용하고 있다. 1787년 2월 2일에는 여결餘結로 얻은 200냥을 집으로 보냈으며, 같은 해 4월 2일에는 고마고의 자금으로 질녀의 혼인 비용 35냥을 제공하기도 하였다.[28]

이상과 같이 각 군현마다 잡역세를 부과하는 방법이 다양한 이유는 중앙정부에 올려보낼 상납미의 증가와 각 군현마다 관청이 보유한 관둔전과 같은 재원의 규모가 다르기 때문이다. 군현의 지방저치미가 충분하거나 군현이 보유한 관둔전이 관청 운영에 필요한 각종 물품을 조달할 수 있는 정도의 규모라면 잡역세의 부담을 크지 않겠지만 그 군현이 충분한 인구와 토지를 보유하지 못한 산촌이나 어촌의 경우 토지나 가구 또는 사람 단위로 추가로 세금이 부과되었다.

잡역세의 대부분은 민간의 토지와 가구로부터 수취한 재원을 통해 마련되었지만, 수령의 봉름 또한 이러한 잡역세를 경감할 수 있는 좋은 재원이 될 수 있었다. 수령이 봉름을 절약하여 일정 금액을 모아 이를 토지를 구입하여 민고를 만들거나 사람들에게 돈을 빌려주고 이자를 받아 자금[存本取殖]을 마련할 수 있었다.

반면에 민고는 다시 수령의 불법적 자금 마련으로 이어질 수 있었다. 1739년 6월 5일 우의정 송인명이 왕과 정무를 논의[次對]하는 자리에서 잡역세를 통한 수령의 불법적 자금 마련에 대한 실태를 다음과 같이 비판하고 있다.

> 양남兩南의 대동大同의 경우, 당초에 마련하기로는 한결같이 고을의 크기에 따라 분정分定하는 것이었으나 중간에 한 두 명의 수령이 시초柴草를 미米로 바꾸는 규례를 처음으로 시행한 결과 지금은 점차 여러 고을에서 통행하는 규례가 되어 관가에서 일용하는 시초와 치계雉鷄의 값을 모두 미로 거두어들이고 미로 사다가 씁니다. 혹 경내에 초목이 자라는 곳이 있으면 꼴과 땔나무 베는 것을 금지한 뒤 술을 빚어 고을 백성에게 먹이고는 그 초목을 베어 들입니다. 그리고 시가미柴價米는 관아의 경비로 씁니다. 이는 이미 백성을 사역한 것인데, 앞으로 또 미를 거두어들일 염려가 반드시 없는 것이 아닙니다. 이로부터 여러 고을에서는 시초를 비축해 두는 곳이 없어 평상시 구차하게 지탱해 나가니, 만약 위급하게 군사를 일으킬 일이 생긴다면 어떻게 책응責應하여 마련해 내겠습니까. 이것이 이미 크나큰 폐단인데, 수령

> 중에 청렴하지 못한 자는 그 미를 실어다 쓰고 시초와 치계
> 의 구매 가격을 강제로 징수하는 것이나 다름없이 모두 염
> 가廉價로 환산한 뒤 그 나머지 미를 가져다 씁니다.[29]

치계시탄가를 쌀로 징수한 후 백성들을 동원하여 나무와 풀 등을 베어 들이고 쌀로 징수한 것은 관아의 경비로 사용하였는데, 일부 수령 중에는 이를 치계시탄의 가격은 낮게 책정하여 수령한 쌀과의 차이가 나는 금액만큼 착복하기도 한 것이다. 부패하고 탐학적인 수령들은 이 외에도 다양한 불법적 방식으로도 봉름을 만들었으며, 이를 통해 자금을 마련한 뒤 축재하거나 중앙 관료 및 상급자들에게 바칠 뇌물을 모으기도 하였다.

3

봉름의 공적 지출

: 덕치

봉름과 성리학적 공사관념

수령의 봉름을 관리하는 부서는 관청官廳이다. 관청은 지방 군현의 주방에 관한 사무를 담당하던 부서라는 의미에서 관주官廚로 부르기도 했으며, 주로 수령과 그 가족들의 식생활 및 공사 빈객의 접대와 각종 잔치에 필요한 물품의 조달 및 회계를 맡았다. 지방 군현의 사례를 보면 관청 항목이 있으며, 이를 담당하는 관청색이 있다.

〈표 4〉 흥해읍 관수미 사용 사례

(단위: 석)

지출항목	지출내역	액수	비고
삼향三鄕[가족]	식사비	13.68	3인 아침저녁 7홉, 점심 5홉
좌우병교左右兵校	식사비	6.72	2인 아침저녁 7홉씩
군기감관軍器監官	식사비	3.36	1인 아침저녁 7홉씩
향청메주콩[鄕廳燻造太]	찬거리	0.2	
춘추석전제헌관집사 春秋釋奠祭獻官執事	수고비	0.65	14인 10시간 시간당 7홉씩
춘추사직제헌관집사 春秋社稷祭獻官執事	수고비	0.28	10인 6시간 시간당 7홉씩
춘추성황제삼차헌관집사 春秋城隍祭三次獻官執事	수고비	0.11	4인 6시간 시간당 7홉씩
춘추려제삼차헌관집사 春秋厲祭三次獻官執事	수고비	0.42	10인 9시간 시간당 7홉
동지각청冬至埆廳	금일봉	0.23	
계		25.66	

* 자료: 『읍지』 2, 「흥해읍사례」.

봉름의 지출 중 가장 많은 부분을 차지하는 부분은 역시 관속들의 식사 대금인 요미料米이다. 강화유수 민진원이 대동미로 관수미를 보충해달라는 청원을 하는 과정에서 강화부의 어려움을 토로하는데 총 대동 수입 2천 석 중 식사 대금인 요미가 전체의 절반을 차지하고 있으며, 민간으로부터의 추가 징수가 없으면 강화부의 재정을 유지하기 힘들다는 의견을 제시하고 있다.[30]

홍해읍의 사례는 관수미의 사용처를 보다 명확하게 보여준다. 홍해읍 관수미는 217석으로 책정되어 있는데, 그 지출 내역을 살펴보면 가족 식비와 같이 데리고 다니는 하급 무관의 식비와 각종 제사와 관련하여 수고한 사람들에게 주는 수고비, 그리고 일부 비용과 동지 때 각 이청吏廳에 격려금 조로 내려주는 비용으로 구성되어 있다. 관수미는 정식 녹봉은 아니지만, 일종의 생활비로 지급되는 것임을 알 수 있다. 즉, 국가가 지급하는 생활비로 사용하고 있다. 지출 규모는 25석이 조금 넘는 정도로 이미 고정적으로 지출해야 하는 비용으로 책정되어 있는 듯하다. 이 비용을 제외한 191석 정도를 가지고 생활을 하고 난 후 남는 부분은 매달 월봉月俸 형태로 나누어 지급받는 것으로 사례는 기록하고 있다.

위의 요미와 같은 부분은 일정하게 소요되는 부분이므로 이를 제외하면 나머지는 수령이 자신의 의지로 판공비로 활용할 수 있는 예산이었다. 나머지 봉름은 수령의 공적·사적 업무에 지출되었다. 공적 업무는 수령칠사와 애민육조와 관련된 사항이다. 수령칠사는 수령이 수행해야 할 7가지 의무를 의미한다. 애민육조는 다산의 『목민심서』에 기술된 수령이 백성들을 위해 가져야 할 마음가짐이다. 사적 영역으로는 유흥이나 가족이나 친지와 관련하여 사용하는 항목이다.

서문에서 언급된 바와 같이 현대인의 입장에서 보면 봉름은 문집을 간행한다든지, 부모를 봉양한다든지 하는 사적인 영역에 사용하는 것이 조선사회에서 허용되는 것이 이상하게 간주될 수 있다. 서구적 공사 개념으로는 공적자금의 사적 사용이라는 행위가 발생하면 그것이 부정부패이기 때문이다. 그러나 조선시대의 우리 조상들의 입장에서는 이 행위가 반드시 모순되는 것은 아니었다. 당시 사람들은 이를 자연스럽게 받아들여졌으며, 이 행위로 윤리적인 비판을 받지는 않았다.

다만 모든 공적 영역의 자금을 마음대로 사적으로 사용해도 된다는 의미는 아니었다. 당시에도 수령이 봉름을 사용하기 위해서는 나름의 윤리적 명분이 필요했는데, 후세에 전하기 위해 기록한 일기인 총쇄록에 떳떳하게 기재하였다는 것은 봉름의 지출이 사회통념상 윤리적으로 문제가 없다는 것을 의미한다. 그들이 봉름을 개인적 목적을 위해 지출한 항목들의 공통점을 오횡묵의 『고성총쇄록固城叢鎖錄』을 통해 알 수 있다.

<표 5> 오횡묵의 『고성총쇄록』에 나타난 연간 지출항목과 빈도

(단위: 건)

구분		3	4	5	6	7	8	9	10	11	12	1	2	계
공적 영역	권농		1	3										4
	관속접대					1	1	1	2	2	4		1	12
	접빈	6	2	4	2	1	8	3	7	1	1			35
	진휼	1									2	2	2	7
	풍속교화			2					1		1			4
	제례						2		1					3
	흥학			1			1		2	4				8
사적 영역	유흥				1				3		1			5
	출판			2	2			1				1		6
	가족봉양	1		1		3	2	2					1	10
	친지선물			4	3	1	4		2	4	2		1	21
총 합계		8	3	17	8	3	19	7	20	11	11	3	4	114

오횡묵이 고성부사로 재직한 1893년 4월부터 1894년 3월 말[31]까지의 지출 항목은 크게 접빈, 진휼, 출판, 선물, 제사, 권학, 권농, 가족 봉양, 친지 선물 등으로 구성된다. 현재의 공사 개념으로 보면

봉름을 공적 업무와 사적 업무에 모두 사용하고 있음을 알 수 있다. 먼저 총쇄록에는 수령칠사 및 애민육조와 관련된 항목들이 많이 나타난다. 농번기에 고을을 순시하면서 농민들에게 바늘과 동전을 나눠 주면서 농민들을 격려하는 권농 행위, 시회나 향시 또는 강회를 개최하여 고을의 면학 분위기를 진작하려는 흥학 활동, 노인을 위한 잔치나 효자, 효부, 열녀 등에 대한 포상을 통해 풍속을 교화시키려는 활동, 기우제나 향제 등과 같이 지역의 제례 활동 등과 같은 수령칠사와 관련된 업무를 중심으로 기록하고 있다. 이 항목 중 수령칠사와 관련된 항목들의 예산은 호장색이나 각종 창색 등 공무 수행에 관계되는 담당 아전에 예산이 책정되어 있다. 그러므로 〈표 4〉의 홍해부 사례에서 나타난 바와 같이 수령이 봉름에서 지출하는 것은 농민들에 대한 권농 행위에 지불하는 것과 각종 제례와 관련된 사람들에 대한 격려금 정도이다.

그 외 봉름은 주로 수령들의 개인적인 출판물 간행 그리고 가족 봉양 및 관속 관리, 접빈 등과 같은 항목에 사용되고 있다. 오횡묵의 경우 그가 지출하는 항목 중 접빈이 가장 많은 빈도수를 나타낸다. 접빈 상대는 다양하게 나타나는데 관찰사로부터 친척, 친구, 이전 다스리던 함안고을의 선비나 향리, 심부름꾼 등이다. 공적 업무보다는 80% 이상이 오횡묵과 개인적인 친분이 있는 사람들로 구성되어 있으며, 사람들이 오면 식사와 숙식을 제공하고 많은 경우 노자나 위로금을 지급하였다. 오횡묵의 일기에는 1년간 접빈객들에게 지불한 노잣돈만 1,045냥에 이르고 있다.

두 번째로 많이 나타나는 것은 친지에 대한 선물이다. 부채나 갓 그리고 책력 등과 같은 물품들을 구입하여 관속이나 고을 선비들에게 선물하거나 나눠주었으며, 직속 상관인 병사가 필요로 하는 물품을 구해주기도 하고 있다. 또한 명절 때나 왕실의 경사가 있는 경우 관속들의 관리를 위해 필요한 약간의 돈이나 자신에게 선물로 들어온 각종 물품들을 관속들에게 나누어 지급하였다.

그 외에 오횡묵은 『여재촬요輿載撮要』의 책 출판과 고성 지방 사람들에 대한 개인적인 진휼을 시행하였다. 『여재촬요』의 출판비는 총쇄록에 기재된 것보다 더 많이 소요되었지만, 『고성총쇄록』에 기재된 금액만도 295냥이었다.[32] 또한 춘궁기 때 자신의 봉름으로 진휼을 하였는데, 일기에 명시된 금액만 475냥 이상 사용하고 있다.[33]

가족 봉양을 위해 사용한 돈은 245냥이었다. 다른 항목에 비해 상대적으로 금액이 적게 나타나는 것은 가족에 대한 선물 부분이 누락되었거나 적게 기재된 것으로 생각된다. 이것은 총쇄록의 해당 기간 일기에는 기록이 전혀 없어 잘 알 수 없으나 편지에 제수 마련을 위해 보낸 물목物目이 있으므로 실제로 가족 부양을 위한 자금 마련은 계속 있어 왔음을 보여준다고 할 수 있다. 실제 고성부사 재직기간이 1년이 넘자 배우자를 고성으로 데려오려고 관사를 수리하였으며, 문경 지방에 노후를 보내려 집을 알아보기도 하였다. 또한 종수從嫂의 장례비용을 자신들이 부담해야 한다고 생각하였으며, 지방 수령 기간 동안 세 채의 집을 가지고 있을 정도로 부가 늘어난 것을 볼 때, 결코 적지 않은 금액이나 물품들을 서울로 보냈을 것으로 짐작된다. 그러나 총쇄록에서는 그 규모가 어느 정도인가에 대해서는 파악할 수 없다. 총쇄록 자체가 수령 업무를 중심으로 기재되어 있으며, 후세에 남기기 위한 기록이라는 점에서 가족 봉양과 같은 부분들은 상당히 소략하게 처리한 것으로 보여진다. 또한 중앙 관료들에게 주는 선물이나 청탁에 대한 기록도 거의 나타나지 않는데 실제 그러한가에 대해서는 판단하기 어렵다.

지방 수령의 지출을 보다 뚜렷하게 보여주는 것이 이재 황윤석의 일기이다. 황윤석은 호남의 대표적인 실학자로 존경을 받는 사람이었다. 또한 그는 기록벽이 있다는 소리를 들을 정도로 관직 생활 중 경제행위에 대해 소상하게 기록하였다. 그는 중앙 관직인 종8품의 의영고 봉사와 종7품인 종부직장으로 근무할 때는 자신과 하인의 하숙비로도 모자랐던 적은 녹봉으로 생활고를 겪었지만, 목천현감으로 8개월, 전의현감으로 9개월을 재직하는 동안 경제적 환경은 완전히 달라졌다. 그는 경관직으로 있을 때 하숙집 주인에게 빚진 부채 135냥을 변제하고, 모친과 가족을 관아에서 모실 수 있었으며, 이때 가족에 대한 요미를 본인과 모친을 비롯한 직계가족에게 합법적으로 하루 2.1-3되를 마련하여 부양할 수 있었다. 또한 제사에 필요한 제수 마련을 지원할 수 있었으며, 가족과 노비의 옷을 마련하는데 10필 이상의 옷감을 관수로 조달하였다. 이 외에 은결이나 관수미로 남은 곡식 일부를 돈으로 환전한 320냥을 집으로 송금하기도 하였다.[34]

이처럼 봉름의 사용처는 크게 백성들의 구휼, 조상을 선양하는 행위, 부모나 가족을 위한 효를 위한 행위, 친지들과의 교류에 필요한 노잣돈 및 선물 등으로 구성되어 있음을 알 수 있다. 물론 이때에도 자신의 봉름을 무한히 지출할 수 있는 것은 아니고, 자신에게 주어진 봉름 규모 안에서 절약하여 소비한 나머지를 사용할 수 있었다. 그럼에도 불구하고 조선에서 지방 수령의 관물인 봉름에 대한 재량권은 현대인들의 이해 범위를 넘어서고 있다. 앞서 밝힌 바와 같이 봉름의 사용이 문집 간행과 같은 수령의 개인적인 필요에 따라 사용되고 있음에도 불구하고, 그 행위는 사회적으로 아무런 비난의 대상도 되지 않고 있다. 또한 후세에 전하기 위해 기록한 일기인 총쇄록에 떳떳하게 기재하였다는 것은 봉름의 지출이 사회에서 허용되고 있었다는 것을 의미한다. 이는 봉름에 대한 지출이 그 나름의 정당성을 가지고 있지 않으면 불가능한 일이다. 수령이 봉름을 사용하기 위해서는 나름의 명분이 필요했다. 조선 후기 그 명분을 제공하는 것이 성리학적 공사 개념이었다.

수령칠사

수령이 고을을 통치할 때 수령은 다음 7가지를 금과옥조로 삼았다. 첫째, 농사와 양잠을 번성하게 하는 일[農桑盛]. 둘째, 호수와 인구를 증가시키는 일[戶口增]. 셋째, 교육을 위한 학교를 많이 세우는 일[學校興]. 넷째, 군사 관련 행정을 엄정하게 시행하는 일[軍政修]. 다섯째, 부역을 균등하게 배분하는 일[賦役均]. 여섯째, 소송을 신속하게 처리하여 소송을 줄이는 일[詞訟簡]. 일곱째, 간악하고 교활한 사람이 없게 만드는 일[奸猾息] 등이다. 『경국대전』에 수록된 수령의 평가 기준인 수령칠사이다. 이는 조선시대 지방 행정가들의 좌우명과 같았으며, 지방행정의 기본 원칙이었다.

수령 부임의 첫 출발이 임지로 떠나기 전 임금 앞에서 수령칠사를 외우는 의식으로 시작하였다. 지방 수령으로 임명이 되면 경저리로부터 수령칠사를 기록한 홀기(笏記)[35]를 전달받는다. 그리고 임금에게 하직 인사를 올릴 때 승지가 직관과 성명을 아뢰라 하면, 엎드려 자신을 소개한다. 이후 칠사를 이야기하라고 하면 칠사의 각 항목을 말한 다음 출발하였을 만큼 수령칠사는 지방 수령에게는 중요한 사명이었다.

수령의 봉름을 중앙 관료에 비해 과도하게 책정한 이유도 수령이 수령칠사를 원만히 수행하는 것이었다. 수령칠사를 수행함에 있어서 비용이 드는 항목은 주로 권농이나 진휼 그리고 접빈에 들어가는 비용이었다. 그 사례를 오횡묵의 경우를 들어 설명하면 다음과 같다. 오횡묵은 19세기 말 정선군수·자인현감·함안군수·고성부사·지도군수·여수군수 등을 두루 거치면서 『정선총쇄록旌善叢鎖錄』·『자인총쇄록慈仁叢鎖錄』·『함안총쇄록咸安叢鎖錄』·『고성총쇄록固城叢鎖錄』·『지도총쇄록智島叢鎖錄』·『평택총쇄록平澤叢鎖錄』 등 부임한 임지마다 총쇄록을 작성하였다. 중요한 업무는 물론 소소한 일까지 모두 기록한다는 의미의 총쇄록의 명칭과도 같이 그는 지방의 수령으로 재직할 때 사무 및 수령의 일상을 일기체 형식으로 상세하게 기술하였다.

수령의 임무 중 가장 우선적인 것은 농사가 잘되도록 하는 권농이다. 농사는 조선사회에서 가장 중요한 생업이므로 당연히 수령의 가장 우선적인 업무는 풍년이 될 수 있도록 농사일을 권장하고 독려하는 권농 활동이었다. 풍흉을 가르는 가장 중요한 시기인 모내기나 추수할 시기 들판으로 순시하면서 농민들에게 힘을 북돋우며 장려하는 것은 수령이 반드시 해야 할 기본적인 덕목과도 같은 것이다.

총쇄록을 보아도 수령칠사 중 가장 많은 내용이 기록된 것이 권

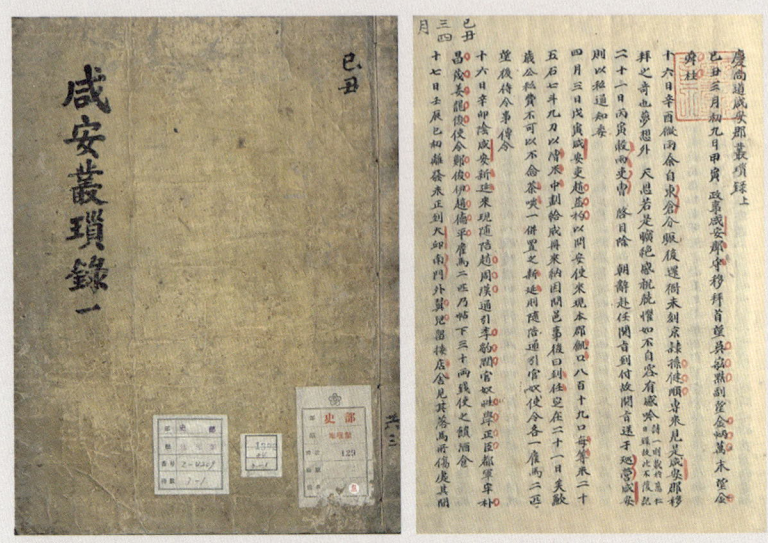

그림 4
오횡묵의 『함안총쇄록』, 한국학중앙연구원 소장

총쇄록은 조선 말기 관료인 오횡묵이 1890년 1월부터 1893년 2월까지 함안군수로 재임하는 동안 통치와 관련한 각종 업무를 비롯하여 이 지역 인사들과의 인간관계 등 부임지의 전반적 상황을 매일 자세하게 기록한 일기 형식의 글이다. 당시 지방행정의 실시, 운영과 향촌 사회의 실태와 폐단 등을 파악할 수 있다. 날씨, 개인적인 일들, 인물의 교유 관계, 서신 왕래 등 사적인 내용도 있으나, 특히 지방관으로서의 지방행정 전반에 걸친 기록이 매우 잘 묘사되어 있다.

농이다. 정선군수로 재임한 1887년 5월 17일 밭일이 한창 진행되던 시기 오횡묵은 정선의 모내기 들판으로 여러 관속들과 함께 행차하였다.

> 들판에 가득한 농부들은 노래를 주고 받으면서 앞을 다투어 호미질을 하고 있었다. (중략) 유치영柳致永과 통인 전금록全今錄, 고효장高孝章, 고준실高峻實, 방자 순대順大 등을 불러 담배와 돈과 바늘을 넉넉히 주어 보내서 적절하게 나누어 주라고 하였다. 나도 권농 감관과 함께 술 몇 병과 안주 한 쟁반을 가지고 정자 근처를 두루 돌아다니면서 술과 고기로 먹이면서 권하였다.
>
> —『정선총쇄록』

또한 고성부사로 재직할 때인 1894년 5월 8일 모내기 당시 유치영을 시켜서 들판의 농민들에게 돈과 남초, 바늘을 나눠주었다. 이와 같이 모내기를 하는 사람들의 기운을 북돋우고 모내기를 장려하기 위해 사람들에게 돈과 담배 그리고 바늘 등을 나눠주기도 하고, 술과 고기를 마련하여 같이 먹기도 하는 것이 수령 하던 일상적인 권농의 모습이다. 총쇄록에는 주요 농사철인 추수나 모내기뿐만 아니라 가뭄 등 자연재해가 발생하여 농사의 작황에 영향을 미칠 만한 변화가 있을 경우에는 어김없이 권농에 관한 활동이 기록되어 있다.

권농의 기본적인 행태는 농민들의 사기를 북돋우기 위해 관내 지역을 순회하면서 농사 작황의 상태를 살피고 농민들을 독려하는 것이다. 이때 술과 안주는 물론 백성들에 나눠줄 담배와 돈 바늘을 넉넉하게 준비하였다. 오횡묵의 경우 권농뿐만 아니라 대민 접촉시에는 일반 농민들에게 항상 돈이나 작은 선물을 준비하였다. 고성부사 재임시절 고성의 도선면을 행차할 때는 8민의 돈과 7갑의 바늘이 소요되었고, 도곡평을 권농할 때는 7민의 돈과 6갑의 바늘이 소요되었다. 오횡묵은 항상 백성들에게 필요한 물품인 돈과 담배 그리고 바늘을 준비하고 나눠줌으로써 백성들로 하여금 고을 수령이 계속적으로 관심과 배려를 주고 있다는 느낌을 받게 하기 위한 효과를 가져 줄 수 있었다. 이때 수령이 개인적으로 지급하는 돈과 물품이 수령의 봉름에서 마련한 것이다.

다음 수령의 봉름이 필요한 업무는 접빈이다. 수령은 업무 수행을 위해 많은 사람들을 만나고 접대하여야 한다. 비단 상급자인 관찰사나 수영의 통제사 그리고 인근 군현의 수령 등과의 업무적인 만남뿐만 아니라 고을의 지도급 사족부터 말단의 노비들까지도 만나 민심을 파악하고 백성들을 위무하고 있다. 또한 많은 친우나 친지와의 만남과 이별 속 선물들이 오가고 있다. 총쇄록에 나타난 가장 많은 기록이 접빈에 관한 기록이며, 수령을 방문한 이들에 대해 식사와 선물을 제공하는 것이 일반적인 내용이다.

<표 6> 『함안총쇄록』 및 『고성총쇄록』에 나타난 접빈 시 봉름 사용 사례

연일시	접빈내용
1889. 6. 25.	욕지도 유사건이 보내옴. 녹골과 녹포를 조주한과 회림의 부탁으로 선물함.
1890. 2. 9.	강회림이 궤 2개 만들어 보내주기를 부탁함. 견본대로 공장에게 시켜 만듦.
1890. 2. 15.	강회림에게 밤과 찬 그리고 궤 2개 보냄.
1890. 3. 6.	성양과 익중도 농사일로 떠날 것을 청함. 황소 1마리 줌. 서울집에 편지 씀.
1890. 윤 2. 25.	박덕유 편지에 답장하고 벼루함[硯匣] 1갑을 보냄.
1892. 6. 7.	나무상자 두 개 하나는 춘파의 혼수로, 교자 둘은 완산 종형에게 하나씩은 남겨둠.
1892. 7. 10.	석성을 시켜 중향관에 운사들 맞아, 주방에 명령 소주, 백주, 홍시, 닭, 떡, 비빔밥 점심 대접.
1892. 10. 1.	해수 작별하고 20민을 노자로 줌.
1892. 10. 3.	중봉과 명로가 양로당 간다기에 노자로 20민과 무명 한 필 줌.
1893. 2. 21.	마을의 문사와 부로들이 전별을 위해 모임. 무진정에 자리 마련, 석성, 송파와 자리에 나감.
1893. 2. 22.	조상규는 수직으로 첨추가 되었으므로 진홍분과 띠 한 가닥을 줌.
1893. 8. 20. ~21.	욕지도 촌민 김시한, 유몽길, 이수성, 이중수가 와서 대전복 1첩, 문어 1단 줌. 치영을 시켜 술과 음식을 접대케 함.

접빈의 대상은 공적 업무부터 가족부터 친지 그리고 지역 유지나 백성들까지 업무상 또는 개인적 친분으로 다양하게 구성되어 있었다. 이들을 만나는 목적은 매우 다양하게 나타난다. 우선은 친분이

있는 수령이나 사족의 경우 이곳을 지나다가 방문하거나 며칠씩 유숙하기도 한다. 가장 많은 경우는 평소 수령과 친분이 있던 사람들로서 전직 중앙 관료부터 고향 친우까지 매우 다양하였다. 일기에는 며칠에 한 번씩 사람들이 찾아오며, 떠난다는 기록들이 있으며, 이들이 머물 경우 신분 고하를 막론하고 거의 대부분은 숙식을 제공하고 떠날 때는 노잣돈을 지불하였다.

다음으로 고을의 사족이나 좌수 및 임원들과 같은 사람들이 인사하러 방문하는 경우도 많다. 이는 일반적인 업무 관련 공식적인 만남과 시회나 여가 활동을 위한 모임들도 많았다. 그 외 해마다 좌수영에 문안드리는 공식적인 행사 외에도 관찰사나 통제사의 생일에 필요한 고가의 선물을 마련하였다. 마지막으로 수령에게는 칭념이라고 부르는 많은 청탁이 들어왔다. 사족 조주한과 강회림과 강회림이 부탁한 사슴뿔과 녹포를 유사건으로부터 선물받아 주기도 하였으며, 강회림이 궤짝을 만들어 달라는 부탁을 고을의 공장을 통해 만들어 보내기도 하는 등 가족이나 친지 등으로부터 들어온 청탁들을 수령은 자신이 받은 선물이나 군현에 있는 물품들을 이용하여 해결하였다.[36]

<표 7> 『함안총쇄록』에 나타난 흥학을 위한 봉름 사용 사례

연일시	내용
1889. 5. 7.	낙육재樂育齋 시험에 응시할 고을의 유생 5명을 뽑아 보고함.
1890. 10. 15.	활쏘기 시합을 하고 궁수와 포수[弓砲]들을 예에 따라 시상함.
1890. 10. 22.	관속[公兄]을 데리고 각면의 서원 등지를 돌며 폐단이 있는 일들을 점검함.
1890. 3. 27.	무진정無盡亭 시회에 모인 고을 사람들에게 권학을 전하기 위해 유문諭文을 첩으로 만들어[成貼] 각면에 나누어 줌.
1890. 3. 27.	관아로 돌아와 무진정에서의 시 3백여 수를 모두 모아 한 편으로 만들고, 이를 '이수시총二藪詩叢'이라 함.
1890. 7. 19.	문학 장려를 위해 글을 만들어 고을의 각 서재에 내려줌.
1890. 윤 2. 1.	이전에 수합된 순영의 시험답안지[試券]를 직접 살펴 고과하고 비평함.
1890. 윤 2. 9.	남덕정覽德亭 대청에서 입격한 사람들을 불러 잔치함. 입격한 50인을 네 차례로 나누어 시상하고 시상할 때 합격한 시험답안지를 되돌려줌.
1891. 12. 21.	감영의 지시에 따라 교재校齋에서 강학을 베풂. 1등 3인, 2등 7인, 3등 105인을 뽑아 상을 내리고 감영에 보고함.
1891. 2. 22.	지벌정止戈亭에서 활쏘기 시합을 하여 성적이 좋은 이들에게 시상함. 시험장소[試所]에 모인 100여 명의 사람들에게 돈 10문과 음식을 나누어줌.
1891. 3. 25.	지벌정에서 활쏘기 연습을 하고, 모인 이들에게 상을 내려줌.
1891. 4. 5.	시를 지어 일등을 차지한 조성충을 위해 시상하고 잔치를 개최함.
1892. 10. 24.	명륜당에서 개강하고 경학에 통달한 자 10인을 1등으로, 15인을 2등으로, 264인을 3등으로 삼고 방을 붙인 뒤 시상함.
1892. 12. 20.	함안의 양사재養士齋가 있으나 유명무실하여 400궤미의 돈을 주고 양로사養老社를 별도로 세울 뜻을 밝힘. 양사재와 양로사 두 곳에 그 규약[節目]을 내림.
1892. 6. 20.	시詩 모임을 활성화하여 매일 30여 명이 모임.
1892. 6. 21.	15축의 시를 비평하여 장원을 뽑음.

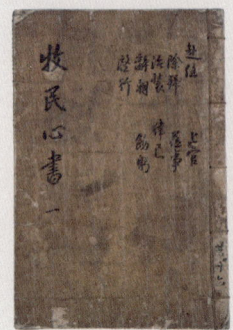 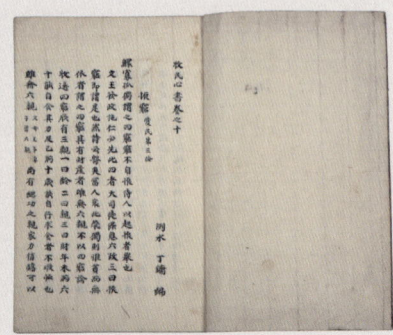

그림 5
정약용의 『목민심서』, 국립민속박물관 소장, e뮤지엄에서 전재

『목민심서』는 1818년(순조 18)에 정약용이 지방관을 비롯한 관리의 올바른 마음가짐 및 몸가짐에 대해 기록한 행정지침서이다. 부임赴任·율기律己(자기 자신을 다스림)·봉공奉公·애민愛民·이전吏典·호전戶典·예전禮典·병전兵典·형전刑典·공전工典·진황賑荒·해관解官(관원을 면직함)의 12편으로 구성되어 있으며, 조선 후기 대표적인 목민서이다.

학문을 권장하는 흥학은 유교를 사회의 근간으로 하는 조선사회에서는 매우 중요한 사무였다. 흥학과 관련하여 『함안총쇄록』을 보면 오횡묵은 고을의 유생을 대상으로 자주 시회를 열어 장원 및 입상자들에게 시상하고 잔치를 베풀어주거나, 권학을 위해 시권을 만들어 지역 유생들에게 배포하기도 하며, 군사들에게는 시합을 통해 시상을 하였다. 또한 향교에서 고을 유생들을 모아 교육을 시키는 양사재養士齋를 육성하기 위해 400궤미의 돈을 주고 양로사養老社를 별도로 세워 교육을 활성화하려는 노력도 하였다.

애민육조

　수령의 봉름은 수령칠사를 수행할 때보다 사실 선정을 베풀기 위해 꼭 필요한 애민육조를 수행할 때 많이 소비된다. 애민육조愛民六條는 말 그대로 백성을 사랑하는 마음으로 선정을 베풀기 위해 필요한 여섯 가지 마음가짐과 정책을 의미한다. 애민육조에 관한 언급은 이미 태종 때 등장하고 있다. 이후 여러 왕들이나 지방관들은 백성을 다스리는 마음가짐이나 행동을 하는데 있어서 애민육조를 중요한 지침으로 삼았다. 애민육조의 내용은 시대와 상황에 따라 조금씩 달라졌지만, 대체로 다음과 같은 내용을 포함하고 있다. 이를 다산 정약용의 애민육조에 근거하여 설명하면 다음과 같다.

　다산의 『목민심서』 3권의 애민육조는 수령이 가져야 할 마음가짐과 태도에 관한 내용이 담겨있다. 수령은 백성을 사랑하는 애민정신이 있어야 하며, 그 대상은 양로養老(어른을 공경하기), 자유慈幼(어린이에게 자애롭기), 진궁振窮(가난 구제하기), 애상哀喪(상을 당했을 때 도와주기), 관질寬疾(아픈 사람 보살피기), 구재救災(재난으로부터 구제하기) 등으로 구성되어 있다. 말 그대로 수령은 어른을 공경하고, 불쌍한 사람이나 약자들을 구제하는 마음을 가져야 한다는 것이다. 수령은 농사를 잘 관리하여 조세부담을 덜어주고,

빈민 구제를 위한 제도 등을 마련하여 백성들의 생활을 안정시키고 풍요롭게 만드는 수령칠사에 충실해야 하지만 그 근본에는 애민하는 자세와 약자들에 대한 배려심이 전제되어야 한다는 것이다.

효를 근본으로 삼는 유교 사회에서 어른 공경은 기본이다. 조선은 국가적 차원에서도 국왕이 70세 이상 또는 100세 이상의 노인들을 초청하여 양로연을 베푸는 것과 마찬가지로 매년 오횡묵은 양로연을 베풀고 잔치에 필요한 찹쌀 등의 물품과 50냥을 양로당에 보내고 있다.[37] 현재도 각종 기관장들이 경로잔치를 베풀고 금일봉들을 찬조하는 것과 같은 이치이다. 그 외에도 박명익의 처 김소사가 시부모를 효성으로 섬긴다고 하여 관청의 주방에서 음식을 갖추어 그녀에게 대접하여 효에 대한 포상을 하기도 하였다.[38]

봉름이 가장 필요한 것은 바로 가난을 구제하는 것이다. 농사의 풍흉은 자연에 크게 좌우되며 평균 3년에 1번은 흉년이 발생하므로 빈민 구제는 지방 수령들의 당면과제였다. 수령은 재해나 흉년을 맞아 진휼을 실행해 가는 최전선을 진두지휘하는 존재였다. 진휼을 통해 경제적 약자들인 빈민들이 흉년을 견딜 수 있게 하고, 장기적으로는 빈민이 안정적인 삶을 유지할 수 있도록 구제하는 것 즉 진휼이 필요한 것이다.

매년 농사가 마무리되는 9월 무렵 한 해 농사의 작황과 피해 정도를 평가하여 「재실분등장계災實分等狀啓」를 작성하여 호조에 보고한다. 이를 근거로 중앙정부가 백성들이 부담해야 할 각종 부세의 감면 정도를 책정하면 각 군현에서는 다음 해 진휼 방식을 결정한다. 「재실분등장계」에서 가장 농사 작황이 좋지 않은 3등급을 받은 경우 관청에서 비축한 진휼곡[공곡]을 사용한다. 『속대전』의 「비황조」에 따르면 매년 진휼곡의 수량을 감영에서 비변사에 보고하였다.[39] 이를 토대로 흉년이 들거나 보릿고개 기간인 음력 4~5월이면 진휼곡을 풀어 백성들을 구휼하였다. 또한 다른 지역에 흉년이 발생할 경우 해창에 저장된 구휼미로 사용하기도 하였다.[40]

　빈민 구제는 매년 있는 연례행사와 같았다. 오횡묵의 경우 함안군수로 재직하고 있을 당시인 1889년 4월에는 굶주린 백성 819명을 진휼하였으며, 1890년 5월에는 1888년의 재해를 인정 받은 전답[災結]에서 이미 징수한 전세 중 남은 자금을 각 마을의 백성들에게 가구당 4전 7분씩 나누어 주었다.[41] 1891년에는 흉년으로 인해 전통적인 기근 기간이 아닌 12월에도 굶주린 백성들이 나타나기 시작하여 측근들에게 고을을 돌면서 구휼 활동을 하도록 지시하였다. 고성부사로 재직할 당시인 1893년 12월 23일에는 굶주리는 사람들의 호수와 성명, 나이, 수효를 책자로 만들어 경상수영에 보고하고 구휼에 필요한 구휼미를 확보하려는 노력을 경주하였다.[42] 1894년에도 3월부터 많은 백성들이 굶주림에 허덕이고 있었고, 음력 4월 보릿고개가 시작되면서 기근이 더욱 악화되자 5월에는 향리들을 동원해서 굶주리는 빈민들에게 보리 1되 금액인 7전씩을 나누어 주었다.[43] 1892년을 제외한 매년 3~5월에는 굶주린 백성들을 위한 구휼 활동을 하고 있다.

1662년 반포된 「진휼절목」에 따르면 성인 남녀는 아침저녁으로 쌀 2홉, 노약자는 1홉 5작을 제공하도록 되어 있다. 18세기 후반에는 대체로 성인 남성은 하루에 쌀로 5되, 노인은 4되, 8~15세는 3되, 8세 미만은 2되를 지급하였다. 그러나 10일마다 지급되었으므로 실제 하루당 제공되는 쌀은 남성의 경우 5홉이며, 한 사람이 받을 수 있는 구휼미 총량은 1인당 1말 정도였다.

이상과 같이 구휼에 필요한 재원은 주로 공적 영역으로부터 마련하는 것이 일반적이기는 하지만 수령 개인의 봉름을 이용하여 구휼하기도 하였다. 각종 재해나 기근이 있을 경우 수령들은 백성들을 위해 봉름의 일부를 개인적으로 백성들에게 나눠주었다. 성 아래에 있는 걸인들에게 쌀밥과 고기 죽을 나누어 주었으며[44] 장시場市의 곤궁한 사람들에게 돈을 나누어주거나[45] 밀양 천대면 사당리에 불이 나 집이 모두 타고 사람이 한 명 죽었다는 밀양 유향소의 보고를 받고, 각각 동 1냥씩을 지급하기도 하였다.[46]

민고의 설립

전통사회에서 백성들이 굶주리는 현상은 보편적이며, 수령이 백성을 구제하기 위해서는 대량의 돈이 있어야 하였는데, 이때 아껴 둔 봉름을 이용하는 것이다. 봉름을 절약한다는 것은 먹거리나 다른 연회와 같은 유흥을 줄이며, 관속들을 잘 관리하여 보이지 않게 새어나가는 낭비를 줄였다는 것이다. 이렇게 아낀 봉름은 개인의 목적을 위해서도 사용할 수 있지만 농민들의 잡세 부담을 덜어 준다거나 흉년이 들었을 때 빈민 구제를 위해 사용할 수 있다. 그러나 심한 흉년에는 비축 진휼곡[공곡]을 사용하기 때문에 봉름을 통해 진휼하는 경우보다는 각종 민고를 만들어 잡역세를 감해 주는 것이 더 일반적이었다.

민고는 각 군현의 다양한 재정적 필요에 따라 설치되었다. 이로 인해 민고의 운영방식은 군현별로 차이가 있을 수밖에 없었다. 이 같은 상황에서 중앙정부 차원의 세입·지출 내역의 정비와 관찰사를 통한 민고의 관리·감독은 현실적으로 많은 어려움을 가질 수밖에 없었다. 이로 인해 민고 절목의 지속적인 개정을 통한 민고 운영의 개선 시도와 더불어, 민고 운영의 실질적인 책임자인 수령의 책임을 강화하였다. 하지만 민고는 법제상으로 설치된 기구가 아니라 각 지방 수령과 백성들의 합의에 의해 만들어진 임의 기구이다. 또한 각 군현에서 수행해야 하는 일에 필요한 비용을 조달하기 위해 만드는 세금이므로 그 용도에 맞게 명칭이 만들어졌다. 그러므로 각 고을마다 민고의 종류가 다르며, 부담금액도 차이가 난다. 통칭하여 민고일 뿐 보민고補民庫, 대동고大同庫 등 백성을 돕는다는 의미에서 작명되기도 하였으며, 세금의 용도에 따라 군기고軍器庫, 고마고雇馬庫 등 구체적인 용도 명이 표기되기도 한다.

민고가 본격적으로 등장하는 시기는 균역법이 실시된 이후 잡역세에 대한 부담이 많이 증가하면서부터이다. 군포가 2필에서 1필로 감하게 되면서 중앙재정의 부족이 발생하고 이를 보충하기 위해 중앙부처로 상납하는 비중을 증대시키기 시작하면서 각종 잡역세로 사용하던 지방유치미의 부족 현상이 발생하였다. 그 부족분은 다시 백성들에게 전가되면서 잡역세는 증대될 수밖에 없었다. 대동법 이후로도 계속 존재했던 왕에게 바치는 진상進上이나 관청에 수용되는 치계시탄을 제외하더라도 관청에서 사용할 종이 및 지필묵, 호적 작성시 사용할 종이와 수고비[役價], 얼음의 빙고나 구폐전 또는 어물이나 소금과 같은 제수나 관청에서 사용하는 각종 물품의 조달 부담이 백성들에게 부가적으로 전가되었다.

정만석鄭晩錫이 연일현감으로 있을 때 이렇게 응지상소應旨上疏했다. 각 고을의 민고民庫에서 거두어들이는 것에는 소위 시탄가柴炭價·빙정가氷丁價·과실가果實價·면주가綿紬價·전관각가傳關脚價·조보가朝報價 등 각항各項 가미價米·첨가添價와 각영문 복정잡물첨가各營門卜定雜物添價 각영문정채各營門情債·경상납정채京上納情債·각주인역가各主人役價·각사구청가各司求請價·전선개조첨가戰船改造添價·화세부족첨가火稅不足添價 등이 있으며, 그 외에 세세한 명목들이 허다하게 많이 있어서 71개 고을이 각기 다르니 혹은 결結에 부과하기도 하고 혹은 호戶에 부과하기도 하며, 혹은 곡식으로 거두기도 하고 혹은 돈으로 거두기도 하며, 혹은 많이 거두기도 하고 혹은 적게 거두기도 하며, 혹은 거두기도 하고 안 거두기도 하는 등 본래 일정한 규례가 없습니다.[47]

18세기 말이면 이미 잡역세는 백성들에게 큰 부담으로 다가왔다. 다산의 『목민심서』에 정만석(1758~1834)이 경상도 연일현감으로 있을 때 올린 상소문에 따르면 18세기 말 현재 잡역세는 이미 수십 개의 명목이 존재하였으며, 각 군현마다 그 종류와 부담의 정도가 달랐기 때문에 조세 수취의 자의성이 높아 부정의 소지가 많았다. 그리고 이 잡세들은 모두 백성들의 토지나 가구에 부담되는 것이었다. 정약용은 전부田賦 외에 가장 큰 부담은 민고인데 혹은 토지에 부과하기도 하고, 혹은 가호家戶에 부과하기도 하여 비용이 날로 확대되므로 백성들이 살 수가 없다[48]고 지적하고 있다.

실제 균역법이 실시되면서 대동에서 처리해야 할 지방 공물인 잡역세는 민간토지[民結]나 가구[民戶 또는 民夫]로 그 부담이 전가되었다. 균역법이 실시된 이후 약 10여 년이 지난 1757~1765년 사이에 발간된 『여지도서』에서도 치계시탄가의 대부분은 결당 얼마씩 세금이 부과되는 것으로 나타나 백성들의 잡역세 부담이 급증하기 시작하면서 일부 감사나 수령들을 중심으로 봉름을 출연하여 민고를 만들고 이를 통해 잡역세를 탕감하려는 현상이 나타났던 것이다.

<표 8> 『대구부사례』에 나타난 잡역세 관련 관찰사 및 수령의 출연 명단과 대상

연도	출연자	출연금액	목적	연도	성명	출연금액	목적
임오	정만석	2,000	시탄, 화목	갑오	서희순	8,200	창고 마련
	이장현	675	시탄, 화목		전세호	1,000	가대 마련
병신	조병현	2,400	시탄, 화목	임신	김회연	1,000	전세 대납
기해	권돈인	2,010	시탄, 화목	을축	정헌조	13,689	환곡
신축	홍재철	3,489	시탄, 화목	신유	김병우	4000	거마
갑신	김응순	220	시탄, 화목	계유	임철수		군기시
무인	조운진	1,500	화목	무진	송태진		철정
기사	민백상	220	시탄	정사	이협	18필	쇄마
정해	조인영	2,600	볏짚[藁草]	계묘	홍원섭	200	
병자	이익보	1,300	빙정	을유	정병모	1,000	매답 치계
을유	정존겸	2,065	마료	기묘	정시용	366	복마, 마부
갑술	김노응	620	경주인역가	정미	유척기	11,900	치계
임진	조진민	270	판목	갑오	이적진	1,500	포탕물종
기축	정기선	500	토포장 역가	경자	정시용	450.9	구폐전
병술	조인말	600	둔전 7두락		이서형	350	소금
정해	조종순	270	강례전	신미	송순명	300	어물
을축	김희순	1,000	호적	계사	이적진	2,261	지물, 종이
신유	김호양	2,000	호적	기사	송태진	700	기름종이

* 자료: 『대구부사례』, 1863.

『대구부사례』에는 잡세를 대신하는 민고들이 다수 있는데 이 민고의 설치 대부분은 대구부사가 남은 봉름을 출연한 것으로 시작되었다. 수령의 봉름 출연 이후 이를 기반으로 이자를 취하거나 둔전을 마련하여 수취한 수입으로 잡세를 대신 납부한 것이다. 주로 치계시탄가에 해당되는 잡역세와 관련된 항목들이다. 가장 많은 비중을 차지하는 것은 땔감[燒木]과 숯[炭]이다. 1727년 꿩과 닭의 소용에 대한 민간 부담을 덜고자 11,900냥을 출연한 유척기의 사례 이후, 1837년 이협이 관청에서 세곡 운반이나 관리들의 이동시 필요한 쇄마비를 마련하기 위해 18마리의 말을 마련하였고, 경주인의 역가, 토포장 역가, 호적 작성시 역가, 창고 마련, 빙정 채취 역가 등 각종 민간 백성들의 부담을 덜기 위해 수령들이 자신들의 봉름을 출연하였다. 전라도 구례의 경우 진상을 위해 매년 가구당 4장의 빙정을 납부하는데 그 부담을 줄이기 위해 1795년 이종상은 견익고蠲益庫를 만들고 봉름에서 출연한 400냥을 연간 이자 30%로 백성들에게 존본취리存本取利하여 그 이자로 얼음을 구매해서 납부하였다. 그러므로 수령이 출연한 봉름 원금은 남겨놓은 채 이자 수익금으로 잡역을 대체하는 것이다.

볏짚의 사례를 들어 이를 좀 더 구체적으로 살펴보면 다음과 같다.

고초藁草 매부每夫 100근斤씩 9월 9일에 시작하여 바쳤고[捧上], 각사면角四面은 길이 조금 멀어서 초대조草代條로 1석石 1두斗씩 각창角倉(각사면의 창고)에 바쳤음.[관청官廳 배삭排朔] 정해년(1827)에 정승 대감大監 조인영趙寅永(1782~1850)이 임기 중에 돈 2,600냥을 출연出捐하고, 또 남창南倉에서 돈 1,000냥을 빌려 각면各面에 나누어 주고, 3할로 불린 이잣돈 1,000냥을 각면各面에 나누어 주었다. 3할로 불린 이잣돈 1,080냥과 겸제고兼濟庫 청초가靑草價에서 옮겨온 125냥, 곧 돈 1,205냥 내에서 1,025냥을 영부營府에 소용되는 초가草價로 마련하여 방급防給하였음. 남은 돈 180냥을 원전元錢에 첨부添付하여 차차 1,000냥을 불렸음. 정유년에 남창南倉의 돈을 모두 갚았고, 남은 본리전本利錢 12,400냥을 그대로 무술년에 모두 논을 사들여 겸제고兼濟庫에 부치고 치계둔稚鷄屯의 예例에 따라 세금을 거두어 답세전畓稅錢 992냥이 되었음.[49]

위의 문장은 관청에 사용할 볏짚을 매년 9월 9일 사람당 100근씩 관청에 납부하였으나 관찰사 조인영이 출연한 봉름 2,600냥과 남창南倉에서 빌린 돈 1,000냥을 합해 3,600냥을 관할 각 면에 존본취리하였다. 백성들에게 부과된 잡세 부담을 덜어주기 위해 관찰사가 자신의 봉름을 출연한 것이다. 이를 종잣돈으로 3할의 이자를 받아 1,800냥을 확보하고 이를 감영에 납부해야 하는 잡세를 대신하도록 하였다. 또한 납부하고 남은 이잣돈을 원금과 합쳐 다시 돈을 불려 나갔다. 이를 10년 동안 불려 1837년에는 남창에서 빌린 돈 1,000냥을 모두 갚고 당시 12,400냥으로 늘어난 자금으로 모두 전답을 구매하였다. 이 전답으로부터 992냥을 확보하였다.

〈표 8〉의 『대구부사례』에 나타난 수령의 봉름을 출연하여 만든 민고의 경우 출연한 돈의 이자를 받거나 토지를 매입하여 전세를 받는 방식으로 운영되고 있다. 관찰사 조인영이 출연한 봉름 600냥으로 7두락의 둔전을 매입하거나 출연한 봉름으로 토지를 매입하거나 서희순이 마련한 8,200냥으로 창고를 마련하였다.

그러나 수령들의 호의와는 별도로 이미 많은 민고의 수입원은 결국 백성들의 토지나 가구로부터 나온다는 점에서 백성들의 부담은 감소되기 어려울 수밖에 없다. 대부분의 지방 군현의 민고의 납부 방식이 존본취리이기 때문이다.

> 관서關西 지방은 나라의 중요한 곳인데 돈빚을 나누어 주는 규례가 실로 관서의 큰 폐단입니다. 각 고을에는 빚을 내 주는 창고가 없는 곳이 없고 명목名目이 대단히 많습니다.

대개 빚에 관한 규례는 관가에서 3할의 이자로 내주는 것이지만 감관과 색리가 이 기회를 틈타 조종하기 때문에 실제로는 5할의 이자입니다. 가을에 빚을 거둘 때가 되면 논밭을 팔아도 부족하여 심지어 구족九族에게까지 징수하기 때문에 백성은 명을 감당하지 못하고 부잣집은 재산을 탕진합니다. 지금은 관가에서 강제로 민결民結에 따라 돈빚을 배정하여 나누어 주는데 1결당 10냥이 되기도 하고 8냥이 되기도 합니다. 백성들은 원대한 사려가 없어 당장 눈앞의 돈을 얻는 것을 이롭게 여기지만 끝내는 떠돌아다니는 지경에 이르고 마니, 그 폐단이 참으로 큽니다.[50]

위의 문장은 영조 15년 1739년 6월 5일 우의정 송인명이 왕과 정무를 논의[次對] 하는 자리에서 평안도[관서] 지역의 관청에서 일반 백성들에게 강제로 돈을 지급하여 빚을 지게 만드는[錢債分給, 給債] 폐해와 관련하여 언급한 내용 중 일부이다. 지방 군현에서 마련된 돈을 존본취리하는 기본적인 방식이다. 민고용으로 마련된 돈을 백성들에게 토지의 양[民結]에 따라 강제로 배분하여 사용하게 하고 그 이자 3할을 수취하는 것이다. 백성들의 입장에서 보면 감독관이나 아전들의 수고비 등을 제하면 5할 정도의 이자를 부담해야 했다는 내용이다.

본전은 유지한 채 이자를 받는 존본취리存本取利는 조선시대 자금 마련의 가장 일반적인 방식이다. 수령의 봉름으로 마련한 민고의 존본취리 방식도 대부분 이와 같은 방식이다. 관둔전을 마련하거나 말을 구입하는 등 항구적으로 잡역 부담을 해결하는 경우도 있지만 〈표 8〉의 『대구부사례』에서도 알 수 있다시피 항구적 해결보다는 이자를 받아 잡역세를 납부하는 존본취리 방식이 더 일반적이었다. 이는 백성들의 전결이나 가호를 대상으로 돈놀이를 한다는 것이며, 결국 잡역세의 부담을 백성들이 해야 된다는 것을 의미한다. 만약 백성들이 생산적인 활동에 사용하지 못한다면 민고로 인한 잡역세 감소는 별 효과가 없게 된다.

그림 6
선정비

6-1
제주목사 정지원 추사비

6-2
제주목사 윤구동 선정비

6-3
용강현령 허정 선정비,
국립민속박물관 소장, e뮤지엄에서 전재

3. 봉름의 공적 지출: 덕치

요예: 양리와 능리

수령이 봉름을 아껴 진휼자금을 만들고 이를 백성들에게 돌려주는 행위는 백성을 사랑하고 어여삐 여겨 구휼해야 한다는 애민정신의 구현이라 할 수 있다. 그러나 조선사회는 수령이 봉름으로 백성들의 조세를 감면해 주는 행위를 좋게만 평가하지는 않았다. 18세기 명군이었던 영조의 생각을 보면 당장 백성들의 요구를 해결하는 재주를 부리는 수령[能吏]보다는 백성을 사랑하는 마음을 가진 어진 양리良吏가 바람직하다고 판단하고 있다.

> 임금이 숭문당崇文堂에 나아가 유신儒臣을 불러 사조辭朝하는 수령을 소견하고, 하동 부사 이기령李杞齡에게 묻기를, 너는 양리良吏가 되겠는가, 능리能吏가 되겠는가? 하니, 이기령이 대답하기를, 신은 백성을 사랑하는 선정善政을 하여 양리가 되는 데 힘쓰려고 합니다. 하였다. 임금이 말하기를 백성을 사랑하는 정치를 하는데도 역시 양리와 능리로 분류할 수가 있다. 백성에게 내가 백성을 사랑한다는 것을 알게 하는 자는 능리이고, 비록 백성을 사랑하더라도 백성에게 알리지 않은 연후라야 비로소 양리라고 이를 수가 있으니, 그

하나는 남에게 알리기 위한 것이고 또 하나는 자기만이 알려는 것이다. 지극히 어리석지만 신기스러운 것은 백성이니, 비록 아무리 겉을 꾸며도 백성은 반드시 알게 되는 것인데, 하물며 남에게 요예하려는 정치는 백성들의 버릇만 점점 변하게 하여 후인들이 다스리기에 어려워진다.[51]

영조가 하동부사에 임명되어 임지로 출발하기 전, 임금에게 인사를 하러 온 이기령에게 양리와 능리에 대해 묻고 수령의 요예를 경계하라는 내용이다. 영조가 위에서 언급한 능리는 법을 지키지 않고 요령을 피우는 관리를 말한다. 요예 행위는 임시적인 방편으로 백성들의 어려움을 일시적으로 해결하는 것처럼 보이지만, 근본적 해결책이 아니라는 것이다. 잘못된 요령으로 근본적인 문제는 해결하지 못한 채 결국 인기 영합주의에 의해 후임자들에게 피해를 준다고 본 것이다. 요예의 정치로 인해 백성이 조정을 불신하는 결과를 야기할 수 있으며, 국가의 원칙을 왜곡시켜 장기적 관점에서는 국가의 지배력 축소를 가져올 수 있기 때문이다. 정조 때에는 팔도 어사가 기준으로 삼을 사목에 수령의 요예 행위를 적발할 것을 요구하고 있다. 본인은 명예스러운 이름을 구하지만 고을 재정이 어려워져 곳간은 텅텅 비워져 있는 상태가 될 수 있기 때문이다. 그러므로 고을 재정에 아무런 문제가 없다면 백성들의 조세부담을 경감시키는 행위는 당시에도 칭송을 받는 행위였다. 이임할 때 아껴쓰고 남은 봉름이 남았을 때, 이를 이용하여 백성들에게 도움을 주는 행위를 한다면 문제가 되지 않는 것이다. 다만 그 고을의 재정 상태나 또는 이후에도 통치해야 하는 후임자들을 생각하지 않고 오직 자신의 명예만을 추구하는 사람들을 비판한 것이다.

앞의 민고의 사례에서도 마찬가지로 봉름을 출연하여 백성들의 잡역세 부담을 경감시킨다고 하였지만 존본취리를 하면 결국 백성들은 고율의 이자를 부담해야 되며, 이는 그들의 가처분소득을 감소시켜 조세부담 능력을 오히려 약화시킬 수도 있다. 또한 구휼을 한다고 다른 관청 운영에 필요한 재원을 끌어다 사용하거나, 규정에도 없이 잡세를 없앨 경우 다음 부임하는 수령의 경우 백성들을 통제하거나 군현의 재정을 운영하는데 지장이 발생할 수도 있다. 이와 같이 수령의 의도와는 상관없이 수령 개인의 구휼 행위는 반드시 긍정적으로 평가하기 어려울 수 있다. 특히 수령의 출세를 위한 행위일 경우 무리한 재정운영이 동반될 가능성이 높고 이는 만성적인 재정부족으로 이어지고, 후임 수령들의 조세 수취 등 통치행위에 어려움을 야기시킬 수 있기 때문이다.

큰 금액의 봉름과 사용에 있어서 높은 자율성은 백성들에게 많은 혜택을 줄 수도 있지만 지나치면 명예를 추구한다는 요예要譽 문제와 연결된다. 수령의 경우 고을을 다스릴 때는 명예를 탐하기 위해서가 아니라 떨어지는 아이를 구하는 마음과 같이 백성을 사랑하는 마음으로 조세 행정을 펼쳐야 한다. 하지만 사람들이 출세와 명예를 추구하는 것도 인지상정이다. 간예干譽, 요명要名, 민예民譽, 조명釣名, 고명沽名 등으로 부르기도 한 요예[52]는 맹자에서 나온 용어로 명예를 탐하는 행위를 의미한다.

여러 군왕들은 지방 수령의 요예에 대해 경계할 것을 주문하고 있다. 영조는 요예를 하고자 하는 지방 수령을 능리로 표현하면서 다음과 같이 비판하고 있다.

> 근세에는 작은 재주와 작은 문예文藝로써 능하다고 하고 목전의 공효功效로만 다스려졌다고 하니 <u>그 말류末流의 폐단은 순리더러 무능하다고 하고 능리能吏더러 되려 선치善治라 할 것이므로 옛날의 순리가 되려 능리를 본받게 될 것이니 능리의 폐단은 탐리貪吏보다도 더 심하다 할 것이다.</u> 왜냐하면 전임자가 비록 탐욕스러웠다 할지라도 후임자가 청렴스러우면 폐습을 한 번의 정사政事로써 고칠 수 있지만 능리의 폐단은 어떠한가? 백성을 위해서 폐해를 제거한다고 하는

것이 선량한 백성을 교만한 백성으로 바꾸어 놓고 만다.

(중략)

너그러웠던 정사는 요예要譽하는 정사 때문에 줄어들고 사람마다 본받으면 장차는 은정恩情이 메말라 나라가 떨치지 못하게 될 것이다. 이러할 때에 만일 재부再賦를 시킨다면 이는 신부新賦와 다름이 없으므로 비단 나라만 원망할 뿐 아니라 백성도 감내하지 못하게 된다. 이밖에 허다한 요예의 폐단은 백성들은 비록 목전에는 다행이라 할지 몰라도 그 폐해를 받음은 더욱 심할 것이다. 이것이 이른바 탐리보다 심하고 나라는 나라의 구실을 못하게 된다는 이유이다.[53]

어진 마음으로 통해 백성들을 다스려야 하는데 명예를 얻기 위해 임기응변으로 조세를 감면하는 행위는 오히려 탐욕스러운 수령보다도 못 하다는 뜻이다. 능리의 요예는 백성들의 부담을 덜어 좋은 것 같지만 실제로는 후임 수령들이 고을 행정을 하는데 많은 부담을 주며, 이로 인해 백성들은 세금감면이 당연한 것으로 받아들이고 이로 인해 세금감면이 되지 않으면 마치 새로이 부과되는 세금처럼 그 부담을 더욱 크게 느낄 수밖에 없게 된다는 것이다.

조세 수취 과정에서의 조세감면은 크게 토지의 등급을 매기는 양전量田, 풍흉에 따른 세금감면[給災], 작전 및 다른 고을과의 상품거래[移貿], 방납이나 탕감 등을 통해 이뤄졌다. 이와 같은 조세행정에서 수령은 자신이 다스리는 고을 백성들의 부담을 최대한 낮추려는 경향을 보일 수밖에 없다. 현실의 백성들은 항상 경제적으로 어려움을 겪고 있으며, 당연히 조세부담에 대해 호소하였을 것이며, 이에 대해 수령은 백성들의 조세부담을 낮추고자 노력할 수밖에 없었다.

양리와 능리는 이 상황에 대한 수령의 마음가짐과 대처방법에 의해 구분된다. 먼저, 양리와 능리는 도덕성에서 차이를 보이고 있다. 양리는 덕과 인품을 가지고 백성을 위하는 마음으로 자신의 이익을 추구하지 않고 백성의 고통을 덜어주는데 헌신하여 사무를 청렴하고, 공정하게 처리하는 관리를 의미한다. 이때 중요한 근거는 자신의 이익을 생각하지 않고 명예를 얻으려 갈망하지 않는 것이다. 다음으로 양리는 자신의 인품뿐만 아니라 백성들을 교화하는 것도 매우 중요한 덕목이었다.

> 지금은 속습俗習은 관리 중에서 승용陞用하고 탁용擢用하고 하니 상조常調(특이한 것이 없음)라고 할 수밖에 없는데 심지어는 그 포자襃資(포상하는 뜻에서의 加資)까지 기롱譏弄하고 승탁昇擢을 지척指斥하기도 하니 어찌 한심하지 아니

한가! 구준丘濬(明初의 학자)의 안按에는 오직 부서簿書(문서)와 재부財賦(稅賦)로써 우선으로 삼고 교화敎化로써 백성에게 미침을 듣지 못하였으니 가위 지극하다 할 것이고 가위 지금 세상이라 할 것이다. 무엇이 순리이냐 바로 양리良吏를 말함이오. 무엇이 능리이냐 바로 예리譽吏를 말함이다. 순리가 아니면 양정良政을 할 수 없고 능리가 아니면 조예釣譽(명예를 낚다)를 할 수 없다. 이로써 관리를 살펴보면 무엇이 분별하기 어렵겠는가? 아! 내가 임어臨御한 지 몇 해가 되었는데 가르침으로써 백성들을 교화시키지 못하고 포문褒聞한 것도 다만 녹봉祿俸을 덜어내서 요예要譽한 자에 지나지 않는데 이는 다름이 아니라 나 같이 비덕否德한 사람이 윗자리에 있어서 아랫사람을 교화하지 못한 까닭이니 서운함을 금할 수 없다. 그러나 나에게 덕이 없다고 해서 어찌 신칙도 없을 수 있겠느냐? 아! 세상에는 인재가 없는 것이 아니고 또 인재는 다른 세대世代에서 빌려서 쓸 수는 없는 일이다. 아! 선택된 신하와 임민臨民하는 사람은 윗사람의 박덕薄德을 말하지 말고 열성조의 덕정德政을 선화宣化하여 양리良吏로 하여금 날마다 조정에 알려지게 하고 민속民俗으로 하여금 날마다 순후淳厚한 데로 나가게 하라고 비국에 분부하

여 제도諸道에 칙유飭諭하게 하라.[54]

영조는 양리는 수령이 덕德을 가지고 문서에 주어진 대로 공명정대하게 업무를 처리하고, 백성들을 교화하는 것으로 여기고 있으며, 반면에 능리는 진급을 위해 칭송을 받으려 노력하는 관리로 현재 다수의 관리들이 이와 같다고 한탄하고 있다.

수령이 선심 행정을 하는 방법은 토지등급 조정, 세금감면, 민고 설치 등이 있다. 먼저, 토지의 등급은 낮추는 행위는 전세제도를 악용하는 것이다. 조선의 토지세는 토지의 비옥도에 따라 전분육등법으로 나누고, 풍흉에 따라 3등급으로 나눠 조세부담을 달리하였다. 토지의 비옥도가 낮은 토지일수록 토지세가 낮게 부과될 것이므로 많은 사람들이 낮은 토지등급을 선호할 수밖에 없었다. 이에 실질 심사를 통해 토지등급을 매겨야 했으나 조세의 납부와 수취 부담이 있는 농민과 수령은 당연히 토지등급이 낮은 것이 유리하므로 많은 경우 토지등급을 낮게 조정하려는 노력들이 나타났다.

다음으로 조세감면을 위한 노력이다. 흉년이 들었을 때 정부에서는 토지에 대한 세금 감면이나 진휼곡의 배정을 풍흉에 따라 실행하였는데 이른바 능리는 각종 합법적 또는 비합법적 방법을 동원하여 많은 세금혜택을 받으려 했다. 그 외 지역 간 상품의 시세 차이를 통해 이익을 창출하기도 하였으며, 환곡을 탕감하거나 민고 설치를 통해 백성들의 부담을 경감시키는 행위를 하였다.

17~18세기 사서에 수령들의 조세감면 노력이 매우 부정적으로 거론된 이유는 그 의도의 순수성이 의심되기 때문이다. 많은 봉름을 이용한 선심 행정의 경우 수령이 승진의 발판을 마련하기 위해서 시도되었을 것이라는 의심 때문이다. 심지어 어떤 관리는 능력이 있다는 이름을 얻으려고 혹은 위엄스럽다는 명성을 세우려고 술과 떡을 접대하는 등 백성들을 현혹하여 명예를 구하는 경우도 있었다. 하지만 그 기준을 명확하게 판단하는 것은 사실상 매우 어려웠다. 사실 백성들로부터 좋은 평가를 받으면 승진에 유리할 수밖에 없었다.

상주尙州에 부임하게 되어서는 혼조昏朝의 학정虐政을 통렬히 도려내는 한편, 몹시도 성실하게 백성들을 위무慰撫하였다. 그리하여 다스린 지 4년 만에 뽕나무와 삼이 경내에 가득하여 떠나간 자들이 비로소 돌아오게 되니, 그 정사가 양산 시절보다 더 많은 칭송을 받았다. 이에 상이 새서표리璽書表裏를 재차 하사하는 한편, 특별히 통정대부通政大夫로 품계를 더하여 그 직위를 계속 맡게 하였다. 뒤에 상주 사람들이 그 덕을 사모하여 단밀현丹密縣에 생사生祠를 세우고 공의 유상遺像을 내걸어 제사를 지냈다. 승정원으로 들어와 우승지가 되었다.[55]

위의 손중돈의 사례와 같이 지방관이 백성들로부터 좋은 평가를 받을 유인 구조는 분명하다. 1506년 손중돈은 상주목사로 부임하여 농정에 힘쓴 결과 백성들이 돌아오고 고을 사람들이 선정비는 물론 살아있는 사람의 사당인 생사당까지 건립한 결과 그는 승정원의 우승지로 진급하였다. 손중돈과 같이 선정을 베풀어 해당 지역 백성들에게 칭송을 얻는 것은 지방 수령에게는 중요한 일이었다. 선정비나 생사당[56]의 건립과 같이 고을 백성으로부터의 칭송은 수령의 평가에 영향을 주었을 것이다. 승진을 원하는 지방관들은 위로 상관의 눈치를 보면서도, 아래로는 백성들의 목소리나 그 지역 양반의 움직임에 관심을 갖지 않을 수 없었다. 이를 위해서는 수령칠사와 애민육조에 해당하는 고을 행정을 위해 헌신할 수 있어야 한다. 하지만 수령을 빛나게 하는 방법이 무엇이었을까? 잡역세의 감면이나 가난한 사람들에 대한 구휼이었다.

지역민의 세금 납부 방법을 간소화하고, 국세의 경우 납부 수량을 줄이는 일은 쉽게 칭송을 들을 수 있는 지름길이었다. 이런 일로 수령이 선정을 펴면, 지역민들은 그것을 잊지 않고 오래도록 기억하기 위하여 『읍지邑誌』에 기록하고 선정비를 세웠다. 또한 생사당生祠堂을 지었을 뿐만 아니라 교체되지 않고 그대로 근무할 수 있도록 상부에 호소하였다. 그것은 수령의 포폄과 승진에도 직결되었다. 바로 이런 점 때문에 당시 수령들은 백성들의 칭송을 얻기 위하여 다방면으로 노력하였다. 이를 위해서는 공명정대하고 어진 마음으로 고을을 관리해야 하지만, 탐욕적인 수령들은 백성들의 고혈을 빨면서도 선정비를 건립하도록 강요하였다.

> 근래 목민관이 오로지 명예 구하는 것만 일삼아, 부임하자마자 토호土豪와 품관品官의 무리와 결탁해서 목비부터 먼저 세워 길가는 자에게 과시하고, 나중에는 석비를 세워 민간에서 쌀을 모아 그 값을 대신 치러주기까지 합니다. 각도의 감사에게 명하여 일체 엄금케 하시고, 고을 수령으로 명예를 구해 비석을 세우는 자는 무겁게 다스리소서.[57]

이조판서 민진원閔鎭遠(1664~1736)은 고을 수령이 재임 중에 치적비를 세우고 심지어 생사당生祠堂까지 세우는 폐단들이 있으며, 이를 근거로 감사는 높은 고과 점수를 높게 채점하는 경우도 있다

고 지적하고 있다. 이른바 성과 없이 명예만 구하는 무성요예無聲要譽의 행위를 처벌할 것을 주장했다.[58]

이상황李相璜(1763~1841)이 충청도 암행어사가 되어 내려갔다. 어둑한 새벽 괴산군에 닿을 무렵, 웬 백성이 나무 조각에 진흙을 묻혀 꽂고 있었다. 수십 보를 더 걸어가 새 나무 조각에 진흙을 묻히더니 다시 이를 세웠다. 이렇게 다섯 개를 세웠다. 어사가 목비木碑를 가리키며 물었다. "저것이 무엇인가?" "선정비善政碑입니다. 나그네는 저게 선정비인 줄도 모르신단 말씀이오?" "진흙칠은 어째서?" 그가 대답했다. "암행어사가 떴다는 소문이 파다합니다. 이방이 저를 불러 이 선정비 열 개를 주더니, 동쪽 길에 다섯 개, 서쪽 길에 다섯 개를 세우랍디다. 눈먼 어사가 이걸 진짜 선정비로 여길까 봐 진흙을 묻혀 세우는 게지요."

나무에 사또의 선정을 칭송하는 내용을 써서 길가에 세운다. 어사가 어느 길로 올지 몰라, 동쪽 어귀에 다섯 개, 서쪽 어귀에 다섯 개씩 세워 보험을 들었다. 구체적인 내용이 없는지라 진흙을 묻혀 글자를 안 보이게 하고, 새것이 아닌 것처럼 꾸몄다. 어사에게 좋은 점수를 얻으려는 얄팍한 수작이었다. 그는 괴산군으로 들어가 여타 비리와 함께 가장 먼저 진흙 묻힌 목비를 세우게 한 죄를 꼽아 고을 사또를 봉고파직封庫罷職시켜 버렸다.[59]

수령의 요예를 위한 행위는 시기를 불문하였다. 요예와 관련된 행위에 대한 지적은 주로 비석과 생사당과 관련된 내용이다. 생사당은 1698년 이후 건립하지 못하도록 하였으며, 1862년에는 거의 모든 생사당이 철거되어 거의 사라졌다. 문제는 선정비이다. 수령이 취임하면 목비를 세우거나 석비를 설치하는 일이 다반사였던 것으로 보인다. 이와 같은 요예행위를 처벌하자는 언급은 많지만 시간이 갈수록 선정비 건립은 더 많아지고 있다. 민진원의 지적에서 알 수 있듯이 별다른 성과도 없이 선정비나 생사당을 건립하도록 강제하고 관찰사의 눈을 속이는 행위가 많았음을 알 수 있었다. 심지어 허위 선정비가 만들어지기도 하였다는 것이다. 어느 정도 사실인지는 증명할 수 없으나 괴산군의 어느 수령이 어사가 다니는 길목마다 선정비를 세워 비리를 감추려 했지만 봉고파직 당한 사례도 있었던 것 같다.

〈표 9〉 시기별 경북 지역 선정비 건립 수 추이

연도	1600년 이전	1600~99	1700~99	1800~1910	미상	계
빈도 수	20	51	174	792	71	1,108

* 주: 채광수, 조선시대 선정비 건립 과정과 시기별 추이, 영남대학교 국사학과 석사학위 논문, 2009. 6쪽의 〈표 1〉을 연도 단위로 재구성.

〈표 9〉에 나타난 것처럼 경북 지역의 선정비는 18세기 이후 급증하고 지속적으로 더 증가하는 추이를 보이고 있다. 특히 19세기는 18세기에 비해서도 4배 이상 증가하고 있는데 이는 잡역세에 출연하는 수령의 추이와 거의 일치한다. 이처럼 18세기 이후 선정비가 급증한 이유는 요예와 관련이 있다고 보여진다. 선정비나 생사당은 관찰사나 어사의 평가에 영향을 미친다고 할 때, 선정비로 인한 좋은 평가는 승진이나 청요직으로의 전출 등에 영향을 미칠 수 있으므로 허위로 선정비 등을 세우도록 한 것이다.

선정비를 건립할 때 가장 좋은 소재는 무엇일까? 앞의 손중돈의 경우 엄정한 법 집행과 유능한 농정이었지만 일반적으로 가장 손쉽게 칭송을 받을 수 있는 것은 백성들의 조세를 감면해 주거나 기근에 대한 구휼 활동이다. 수령은 고을 백성들을 위해 흉년이나 기근 때 세금감면이나 진휼 활동 등을 많이 하면 자동적으로 수령에 대한 감사의 표시를 하게 되며 그것이 선정비이다. 이때 사용되는 대

부분의 사적 자금이 봉름으로 주로 세금 감면을 위한 민고의 설립이나 구휼 활동에 사용되었다. 또한 잡역세 항목이 늘어날수록 민고도 늘어나게 됨에 따라 수령들의 민고 설립은 증가하게 되고 선정비의 개수도 증가하게 되는 현상이 나타난다. 균역법 이후 지방재정이 점점 궁핍해지면서 더 많은 항목의 잡역을 충당할 재원이 필요하고 이는 수령들의 봉름을 이용한 민고 설립이나 구휼 활동을 통해 일부 세금 부담도 감소할 수 있지만 다른 항목의 잡역이 증가하므로 다음 해 백성들의 총조세 부담은 감소하지도 못한 채 선정비가 세워지는 경우가 발생하였다.

역대 국왕들이 요예를 부정적인 시각으로 보게 된 결정적인 이유는 수령에 의하여 단행된 재정 체계 개편이 중앙재정의 안정적 확보라는 왕조의 목적과 상충되었기 때문이었다. "사소한 폐단을 제거하고 세금에 은혜를 베풀며 눈앞에 생기는 칭찬만 도모할 뿐 법을 어긴다는 사실을 깨닫지 못하는 자들이 세상에는 많이 있다."[60] 라는 표현에서 알 수 있듯이, 조세 감면을 위한 노력은 곧 훌륭한 수령이라는 칭찬을 받을 수는 있지만 재원의 확보 및 조세를 수취하는 과정에서 발생하는 양전, 재실 규모, 선심 행정으로 인한 환곡의 감소 등과 같은 문제로 인하여 장기적으로 안정적인 고을 운영을 어렵게하는 요인으로 작동하였다.

하지만 당시에는 요예 행위에 대한 현실적 판단은 용이하지 않았다. 백성들의 부담을 덜어주려는 수령의 행위가 과연 백성들을 위한 것인지 자신의 명예를 위한 것인지에 대한 평가가 어렵기 때문이다. 물론 어사들의 요예인지 아닌지에 대한 판단은 수령이 지방의 재정 형편을 고려하느냐 아니면 국가 정한 원칙만을 고집하느냐에 따라 평가가 달라질 수밖에 없다.[61] 여기에서 조선사회가 생각하는 공직자의 태도에 대한 개념이 나타난다. 행위적인 측면에서만 보면 조선사회에서 능리는 문제가 발생하였을 때 적극적이고 능동적으로 일을 찾아 해결하려는 사람들이다. 반면에 양리는 소극적이고 법대로만 행동하며, 정부의 지시대로만 움직이는 보신주의적 성향을 가지고 현상 유지하려는 경향을 띠게 된다.[62] 현대사회에서 많이 비판하는 복지부동한 공무원이 조선시대의 기준에서는 양리가 되는 것이다.

능리와 양리의 기준이 서구식의 올바른 관료상과는 다른 것이다. 관리의 가장 우선적인 덕목은 자신의 수양이 전제되어야 한다. 양리는 덕을 쌓아 백성을 사랑하는 양심이 자연스럽게 발현하여 사심이 없이 공명정대하게 고을 행정을 수행하고 백성들을 교화하는 것이 가장 기본이며, 봉름을 출연하여 조세감면 등과 같은 좋은 일을 하고서도 알려지기를 바라지 않지만 다른 사람들에 의해 칭찬과 존경이 우러러 나올 수 있도록 하는 수령을 의미한다. 반면에 능리는 조세 감면이나 진휼과 같은 행위를 수행함에 있어 목적을 가진다는 점에서 양리의 행위와 근본적인 차이를 나타낸다. 자신의 명예를 높이고자 하는 행위인 요예가 대표적인 능리의 표본이 되는 것이다. 즉, 다른 사람에게 자신을 드러내고 알리기 위해 또는 자신의 승진을 위해 진휼 등과 같은 좋은 일을 이용한다는 점에서 덕치와는 배치된다.

현대의 지방행정이 현상적으로 어떤 결과가 발생했는가를 기준으로 평가가 이뤄지는 반면 성리학적 세계관에서는 결과적인 현상에 앞서 고을 수령의 의도가 무엇에 있는가가 현상적 결과보다 더 중요한 덕목으로 평가되었던 것이다. 이는 곧 성리학적 공사 개념과도 연결이 된다. 공과 사를 구분짓는 기준이 무엇인가에 따라 공적인 일과 사적인 일이 구분되는 것이다. 양리와 능리의 구분도 마찬가지로 공명정대한 마음, 고을 수령으로서 백성을 사랑하는 공명정대한 마음가짐이 훌륭한 관리를 결정하는 중요한 근거가 된 것이다.

4

봉름의 사적 지출
: 공과 사의 공존과 충돌

친친과 존존: 복수의리 논쟁

봉름의 사적 지출의 대표적인 사례는 부모 봉양 및 친지에게 선물하는 것과 선조의 문집의 간행이다. 공적 재물인 봉름으로 사적인 지출이 가능한 근거는 친친과 존존이라는 유교적 이데올로기에서 찾을 수 있다. 친친親親은 가장 가까운 사람을 친애親愛한다는 의미로 자신과 가장 가까운 사람은 부모와 자식, 형제 등 가족과 현재의 나를 존재할 수 있게 한 조상 등을 친애한다는 것을 의미하며, 이때 친親은 인仁을 의미한다. 유교의 실천윤리인 오륜五倫의 부자유친父子有親에 해당한다.

존존尊尊은 존경할 사람을 존경한다는 의미로 친친에서 출발한 인간관계의 본질적 가치를 더 넓은 범위로 확장하는 역할을 담당한다. 유교의 기본 윤리인 오륜 중 군신유의君臣有義에 해당하며, 사회적 관계로는 군신 간의 의리를 비롯한 상하관계의 의리를 의미한다. 사회적 질서를 유지하기 위해 아랫사람이 윗사람을 존중해야 한다는 원칙에서 비롯되며, 이는 인간관계에서 상하 간의 질서를 확립하고, 조화를 이루기 위한 도덕적 규범이었다. 친친이 혈연관계의 중요성을 의미한다면 존존은 군신 간 또는 사회적 상하 간의 관계를 의미한다.

유교에서는 부모와 자식과의 관계를 천륜으로 보고 이를 근거로 부모에 대한 효를 인간관계의 가장 기본으로 생각하였다. '수신제가치국평천하', 『대학』에 나오는 유명한 문구에서 자신을 수양한 후 인간관계의 출발점을 효孝로 시작하였다. 효를 인간의 도리의 근본으로 삼고 이를 확대하여 조상이나 가족, 사회, 국가로 확대하였다. 친친은 나와의 직접적 관계의 정도를 의미하며, 가장 직접적 관계를 가지고 있는 부모가 가장 중요하며, 이후 나와의 직접적 관계가 멀어질수록 그 중요성은 약화된다. 친친의 개념은 바로 그 중요성을 측정하는 개념이자 측정수단이 된다.

유교에서는 이러한 친친과 존존의 개념을 바탕으로 사회관계 및 사무의 우선순위를 결정하는 중요한 근거로 삼았다. 부모 간의 관계는 천륜인 효가 우선이므로 효를 행하는 행위는 무엇보다 우선순위에 놓을 수 있으며, 조상을 모시는 일 또한 매우 중요한 일이 된다. 군신 간의 관계는 사회적 인간관계의 으뜸이지만 기본적으로는 인륜에 해당하므로 성리학의 근본적인 원리에 따르면 효와 충이 충돌할 경우 효가 우선되는 것이 원칙이다. 하지만 공적 업무를 수행하고 있는 상황에서 무작정 영역적으로는 사적인 일인 효를 위해 공적인 일을 포기해야 하는 가는 현실적으로 많은 논란을 야기할 수밖에 없다.

친친과 존존의 문제가 정면으로 충돌한 사건이 복수의리 논쟁이다. 복수란 일반적으로 원수를 찾아 물리적으로 복수하는 행위를 의미하지만, 현종 때 발생한 논쟁은 개인의 피해가 아닌 근친이나 군주에 대한 피해로 정의된다. 현종 조에 발생한 복수의리 논쟁은 청나라 사신이 왔을 때 병자호란 때 사망한 할머니에 대한 사적인 의리[私義]와 업무를 거부함에 따른 임금에 대한 공적인 의리[公義]가 서로 대립하여 발생하였다. 조선사회에서 복수의리는 중요한 주제로서, 두 차례의 전란 이후 후손들에게 복수는 필수적인 의무로 여겨졌다.

 복수의리 논쟁은 현종 4년 청나라 사신 접견과 관련된 사건에서 시작되었다.

> 들건대 어제 수찬 김만균金萬均이 그의 조모가 강도江都에서 죽었다는 이유로 청사淸使가 왔을 때는 차마 행공行公하지 못하겠다고 소장을 진달하였는데 입직入直한 동료가 봉입捧入했다고 합니다. 정축년 난리를 겪은 뒤로 부모와 관련된 일이 아닌 한 사면辭免을 허락하지 않았는데, 그 이유는 대체로 부모가 참화를 당한 경우는 자식으로서의 지극한 정리상 차마 강박할 수 없는 일이지만 기타의 경우는 부

모에 비해 약간 차이가 나기 때문이었습니다. 지금 만약 이 소를 봉입할 경우, <u>예전부터 이런 처지에 있으면서도 감히 소장을 진달하지 못하던 자들이 모두 앞으로 잇따라 사면 할테니, 온 조정의 신하들 가운데 행공하는 자들이 거의 없게 될 것입니다.</u> 어제 들인 소는 도로 내주어 행공하게 하고, 지금 이후로는 부모와 관련되지 않은 소를 절대 봉입하지 못하게 하여 후례後例를 삼도록 하소서.[63]

김만균은 조모의 죽음으로 인해 사신을 만나는 것을 거부하였고, 이에 대해 서필원이 부모의 경우를 제외하고는 모두 국가 관리로서의 공적 업무가 개인의 사적 인연보다 우선임을 강조하였다. 이는 송시열과 서필원 간의 대립을 초래했다. 논쟁은 두 개념, 즉 사적 천륜과 공적 의리 간의 대립을 중심으로 진행되며, 송시열은 사의론을 주장하였고 서필원은 공의론을 주장하였다.[64] 송시열의 사의론은 개인의 복수를 인정해야 한다고 주장하며, 주자의 '복수는 오세에 끝난다.'라는 주장을 인용하였다. 서필원의 공의론은 조손 관계의 복수에 대해 다른 시각을 제시하며, 복수를 공적 의리 측면에서 다루어야 한다고 주장하였다. 이단상은 두 입장을 절충하려 하였으나 논쟁은 여기에서 그치지 않았다.

이 논쟁은 사적 의리[親親]와 공적 의리[尊尊] 간의 갈등에서 발생한다. 이때 송시열은 친친親親에 의거하여 사의론私義論을 주장하였고, 서필원은 존존尊尊에 의거하여 공의론公義論을 주장하였으며, 모두 복수의리 자체에 대해 의심을 품지는 않았다. 이들은 각기 복수의리의 한계에 대한 견해는 달리하였지만, 그것은 복수의리가 효도 및 친친의 이념과 관련되어 그 정당성을 인정받고 있었기 때문이다.

이는 곧 복수의리에 내재한 친친의 개념은 사적인 영역에 있으며, 윤리적인 측면에서 공적인 의미로 전환되어, 존존인 공적 영역과 공존할 수 있게 된다. 유가에서 친친과 존존은 기본적인 개념이며, 이 두 개념의 상관관계는 공사 관념의 적용에 있어서 매우 중요한 의미를 지니고 있다. 친친과 존존이 대립되었을 때 무엇이 우선인가의 문제이며, 이는 봉름의 지출에 있어서 무엇은 허락되고 무엇은 허락되지 않는가의 문제와 밀접하게 관련되어 있다.

성리학적 공사 관념은 영역적 의미와 이념적·윤리적 의미로 나누어 살펴볼 수 있다. 성리학적 공사 개념은 두 가지 의미가 모두 공존하며 큰 문제가 없이 받아들여진다. 하지만 두 개념이 충돌하는 경우 어느 것이 더 중요한 것인가에 대한 판단이 필요하게 된다. 현재와 같은 공사 개념인 영역적 의미에서는 '공'과 '사'가 서로 상대적이며 또 연속적인 특성을 보여준다. 나보다는 가족 그리고 가족보다는 사회 그리고 국가로 영역적 범위에 따라 공과 사의 구분이 가능한 개념이며, 이는 이전부터 현재까지 통용되는 공사 개념이다. 그러나 성리학적 개념에서 유학의 가장 기본인 효를 가장 우선시하고 천륜이 으뜸인 이념적·윤리적 의미에서는 '공'은 천리天理가 되고 '사'는 인욕人欲이 된다. 그런데 복수론의 근거가 되었던 천리天理에 속하는 친친은, 영역으로 보면 '사'에 해당하지만 이념적·윤리적 의미에서 보면 '공'에 해당한다. 그리고 친친의 관념은 나와의 관계가 멀어질수록 관계가 약해진다는 차등적인 친친지쇄親親之殺를 포함하고 있는데, 성리학에서는 이것을 오히려 '지극히 공정한 것'[至公]으로 본다. 이로써 친친과 존존은 자연스럽게 성리학적 공사 개념과 연결된다. 그러므로 조부모의 원수와 국가의 관리로서의 의무 중 어느 것을 더 중요한 것으로 판단하는가는 매우 어려운 문제일 수밖에 없다. 이는 봉름의 지출에 있어서도 마찬가지로 적용될 수 있다. 봉름의 개인적 사용이 어느 범위까지 허용될 수 있는가의 문제와 직결되기 때문이다.

봉름의 사적 이용의 근거: 친친

조선시대 수령의 봉름이 공사의 암수한몸과 같은 형태로 나타나게 된 것은 조선사회 나아가 유교적 공사公私의 개념과 밀접한 관련성을 띄고 있기 때문이다. 유교적 공사 개념은 '수신제가치국평천하'라는 용어에서 알 수 있듯이 개인과 가家 그리고 국가 간의 관계가 떨어져 있는 것이 아니라 같이 연결되어 있음을 보여준다. 특히 이를 종법과 연결시킬 경우 사적 영역과 공적 영역이라는 것이 따로 존재하는 것이 아니라 같이 암수한몸으로 공존하고 있음을 상기시키고 있다.[65]

또한 『성학집요聖學輯要』에서 율곡 이이는 "사은私恩으로써 공의公義를 해쳐서도 안 되며, 공의로써 사은을 끊어서도 안 된다."라고 언급하고 있어 가족과 국가 그리고 효와 충이 서로 상충되는 개념이 아니라 서로가 상존하는 형태로 존재함을 설명하고 있다. 그러므로 공과 사의 개념이 따로 국가나 조직 등의 영역으로 뿐만 아니라 이념적으로 성립하기 때문에 공과 사를 일률적으로 구분하기 어렵다.

유교적 이념에서 공公은 보편적이며, 공명정대함이라는 윤리성을 획득할 때만 성립되며, 공명정대하기 때문에 사회와의 소통이 원활하고 막힘이 없게 된다. 이와 반대로 사私는 사사로운 이기심과 물욕으로 자기의 이익만을 추구하기 때문에 관심사에만 집착하게 되고, 이는 사물이나 현상을 객관적으로 파악할 수 없게 된다. 그 결과 사회와의 소통을 어렵게 만들고, 사회의 조화를 해치는 결과를 가져오게 된다는 것이다.[66]

그러므로 공사의 구분은 국가와 사회에 있는 것이 아니라 공명정대한 것인가 아닌가가 중요한 기준으로 작용하게 된다. 그러므로 천리를 따르는 것이 바로 공이다. 수령에게 있어서는 공은 사적 물욕을 초월하여 공평무사한 행위를 실행하며, 천리를 따르는 것이다. 그 천리는 바로 인간의 도리와 연결되며 인간의 도리 중 가장 큰 도리는 효와 충을 행하는 것이 된다. 이는 봉름의 물품을 개인적으로 사용한다는 것 자체가 사적인 행위가 아니라 개인적인 향락이나 물욕 또는 공명심에 어두워 봉름의 물품을 잘못 사용하는 것이 사적인 행위로 간주되었으며, 지탄을 받는 것이다.

효를 실천하기 위해 관수에 필요한 모든 비용을 사용하고 난 후에 부모를 봉양하는 것은 오히려 공을 실천하는 행위로 간주되는 것이다. 이러한 관념은 안정복의 『임관정요臨官政要』에 잘 나타나는데, 그는 "관물官物로써 사가私家를 경영해서는 안 되지만, 공의와 사정을 병행할 수 있도록 해야 한다."라고 주장하고 있다. 이러한 생각은 봉름의 처리에 대한 당시 지식인들의 생각을 잘 대변하고 있다.

결국 관물인 봉름의 개인적 이용은 사사로운 물욕이 아니라 공을 실천하는 한 행위로서 인식되었기 때문에 공직을 수행하고 남은 봉름 중 잉여부분을 지출하기 위해서는 명분이 필요하였던 것이다. 봉름을 사용하는 사례들이 어떤 종류의 것들인지를 보면 알 수 있다.

> 문서로 보고하는 일은 본 고을의 굶주리는 인구에 대해서 **세전歲前에 부사가 진휼하였고**, 세후에는 국가에서 진휼한 현상을 전에 보고하였거니와, 겨울 추위는 조금 풀리고 봄빛이 점차 자라나는데도 불쌍한 우리 백성들은 날마다 다급한 상황으로 흘러가서 쓰러지는 사람이 이어지고 있으니 참혹한 정상은 차마 보지 못합니다.
>
> —『국역 고성총쇄록』

> 감영과 대구부에 소용되는 **치계雉鷄를 봉상하는 책임을 지고 있는 백성들을 위하여 1727년丁未 정승 대감 유척기兪拓基가 11,900냥을 기부하여[捐] 설치 둔답 1900두락을 설치하였다.**
>
> —『각사등록』, 『대구부사례』

4. 봉름의 사적 지출: 공과 사의 공존과 충돌　　123

첫째, 봉름을 이용하여 성리학적 공을 실천하기 위한 가장 일반적인 지출 방식은 흉년에 진휼하거나 잡세를 감면해 주는 방법이다. 종법 질서에 의거하면 국가는 가보다, 가는 개인보다 우선하는 것이므로 국가를 위해 백성들을 구제하는 것은 가장 큰 대의로 여겨졌다. 이를 통해 수령은 명예를 얻을 수 있으며, 유교적 공을 실천할 수 있기 때문이다. 이런 경우 백성들로부터 신망을 받을 수 있고, 선정비 등과 같은 명예를 얻을 수 있으며, 진휼한 사실이 조정에 보고되면 가자加資하거나 승진의 기회가 주어졌으므로 현실적으로도 큰 도움이 되었다. 그러나 유척기의 사례의 경우 봉름을 아껴 그 여분으로 기부하였다고 하기에는 너무 금액이 크며, 이는 사재를 털었거나, 은결이나 다른 부정한 방법으로 마련한 돈일 수도 있다. 이러한 경우 명예를 얻기 위해 요예행위를 할 가능성도 있기 때문에 조선 정부에는 이를 크게 경계하고 있었다. 하지만 수령이 요예를 바라고 민고를 조성하였는가에 대한 판단은 누구도 할 수 없다.

둘째, 머리말의 강백진의 문집 간행 사례에서 보듯이 문집이나 족보 등 조상의 선양사업에 봉름을 사용하는 경우이다. 이는 존현尊賢을 행하는 것이며, 존현은 천리이므로 이는 공公에 해당된다. 그러므로 문집이나 족보의 서발문序跋文 또는 지[識]에 자신들이 수령으로 있을 때 봉름을 아껴 관청에서 책들을 간행하였다고 기록할 수 있었다. 이들이 관청에서의 봉름을 덜어 책을 출판한 행위는 유교적 공사의 개념에서는 천리에 따라 공을 행하는 일이라 간주되었으며, 존현하는 옳은 일을 한다고 간주하였던 것이다.

마지막으로 가족의 부양을 위해 봉름을 사용하는 경우이다. 자식을 키우고 부모를 봉양하는 것 또한 천리이므로 봉름을 가족을 위해 사용하는 것이 공을 위배하는 것이 아니었다. 이념적으로는 친친으로 대표되는 효도를 위해 봉름을 사용하는 것은 효를 실천하는 표상으로 대두되기도 하였다. 조선시대 많은 관직자들이 노부모를 봉양하기 위해 노부모가 있는 지방관을 자임하였고, 부모를 봉양하는 재원은 봉름으로부터 나오는 것이었다.

이상과 같이 현재의 관점에서 보면 사적인 영역에 속하는 선조 선양과 효도에 관청의 물품인 봉름을 사용하는 것은 조선시대의 공사 개념에서는 문제가 될 수 없는 것이었다. 이는 유교적 특히 주자의 성리학적 천리가 도입되고 강화되면서 더욱 강화되어 갔으며, 다산이 이야기하는 상고의 이상적인 염리도 이러한 진휼을 하거나, 책을 출판하거나, 노부모를 봉양하기 위해 자신이 절약하여 모은 봉름을 모두 쓰고 빈손으로 돌아가는 수령을 의미하는 것으로 보여진다.

사적 지출의 현실적 적용과 변용

부모의 봉양과 친지의 선물

봉름은 분명 공적인 업무 수행을 우선하고 난 후 남은 봉름으로 개인적인 용도로 사용하도록 제도적 장치가 마련되었으며, 흉년이 드는 경우 관수미를 1/8 깎아 지급하기도 하였다. 또한 국가에 내는 세금을 먼저 상납(捧上)한 이후에 봉름의 재원을 확보하도록 규정하고 있다. 그럼에도 불구하고 서구적 공사관의 입장에서 봉름은 한 몸에 공적 영역과 사적 영역이 공존하는 형태로 존재하고 있다.

봉름의 사적 지출은 유교적 공사 개념이 현실에 그대로 적용되면서 변용될 수밖에 없다. 물론 수령의 업무 수행이나 백성들에게 피해를 주지 않는 범위에서는 봉름을 효나 친지 및 친우를 위해 사용하는 것은 효와 충이 충돌하는 것이 아니므로 비난의 대상이 아니었다. 그러나 천리에 따른 봉름의 사용이 가능하기 위해서는 사욕 없이 공명정대하게 일을 도모할 수 있는 고도의 인격 수양이 있어야만 가능하다.

그러므로 유교에서는 개인의 수양을 강조한 것이고, 이러한 이상 사회를 달성하기 위한 이념형 인간인 군자를 지향한다. 하지만 이념형 인간을 염두에 둔 이상은 현실과 부딪힐 경우 원래 의도와는 다르게 왜곡되고 변형되기 마련이다. 현실에 존재하는 사람들은 다산이 이야기한 것처럼 관습적으로 주어진 규례에 따라 자신들의 이익을 도모하는 것이 일반적이기 때문이다.

특히 수령의 봉름 사용에 대한 재량권이 큰 것에 비해 수령은 부임한 고을을 왕이나 봉건영주처럼 경영할 수 있는 권리를 가진 것은 아니었다. 이재난고에 나타난 황윤석의 지출 자금은 중앙정부가 묵인하는 은결과 봉름 중 사용하고 남은 자금이다. 그렇지만 이러한 잉여 관수 지출도 규정이 있어 이를 위배할 수 있을 정도로 허락된 것은 아니었다. 실제 1787년 수령을 물러난 후 44냥을 반환하기도 하였으며, 이서의 말만 듣고 장세전 61냥을 개인적으로 사용하였다가 다시 충당하기도 하였다.[67] 이외 잡세의 경우도 회계감사를 통해 지속적으로 감독을 받은 상황에서 터무니없이 유용하기는 어려운 상황이었다. 그럼에도 불구하고 많은 부분에 있어서 재정지출의 일부인 봉름 지출의 용도를 명확하게 규정하지 못함으로써 결과적으로 조세지출의 임의성을 막을 수는 없었다.

<표 10> 황윤석의 수령 재임 기간 가족부양 현황

일시	항목	금액	출처
1780. 4. 1. 이후 2개월	노모봉양	4석 4두 6되	관수미

일시	항목	금액	출처
1787. 4. 15.	첩의 잡물가	21냥 1전	관청색
1780. 3. 19.	모친 수의壽衣	명주 2필	
1780. 3. 29.	가족 의복	팔승목 2필6척	
1780. 4. 1.	가족 의복	육승목 5필29척, 기타 4필 2척	
1779. 11. 30.	조상제사	12.7냥	
1786. 9.	조상제사	12냥 7전 9푼	
1787. 2. 13.	조상제사	10냥	
1787. 2. 13.	조상제사	26냥 4전	
1787. 3. 21.	장녀 혼인	12-13냥, 모시4필	
1780. 2. 9.	노모 봉양	50냥	
1780. 3. 26.	노모봉양	약재 10첩, 20냥	관청색
1786. 윤 7. 22.	가족부양	제주, 유청, 포, 5냥 9전 5푼	관청색
1786. 12. 22.	노비의 노자	5냥, 쌀·콩 각 1두	
1787. 2. 2.	축재	쌀 20석 11두 4되 7홉 대전가 127.3냥	
1787. 2. 2.	제사 및 자녀혼수비용, 전답구입, 부채상환	320냥	여결 200냥 관청색전 120냥
1780. 2. 18.	축재	20냥, 유청, 포	제수전 10냥 1월 여미 4석 30냥
1786. 11. 26.	가족부양	면포12필	관수미
1786. 12. 1.	가족부양	면포 12필 18척, 유기 5함 11부 및 소피혜 6건	관수미
1787. 3. 13.	고마가, 질녀 혼수비용	쌀 10석	3월삭 여미

* 자료: 『이재난고』 6, 7책(이헌창, 2007, 394-400쪽의 내용을 요약 정리).
* 주: 출처는 영남 지역 각 읍지의 사례에 해당되는 항목을 기재하였음.

이재 황윤석이 봉름을 사용하고 있는 사례를 통해 보면 이상과 현실과의 격차가 어떠한지 잘 나타난다. 이재는 1779년 10월부터 6개월 정도 목천현감을, 1786년 윤 7월부터 8개월 정도 전의현감을 역임하였다. 이 시기 그는 고을 수령의 몫으로 나오는 재원을 이용하여 노모 봉양, 제사, 가족의 혼사 등 가족을 위해 돈과 각종 물품을 보내고 있다. 밝혀진 물품들을 쌀로 환산하면 약 150석에 육박하는 정도이며, 대체로 봉름 항목에서 가져온 것으로 보인다. 여기에 그 재원의 일부를 밝히고 있는데 1780년 제수전과 돈을 축재하기 위해 1월의 여미 4석을 집으로 보냈으며, 고마가雇馬價와 질녀 혼수비용에 쓰는데 3월의 여미[68]라고 10석을 보냈다. 그리고 관청색으로부터 120냥을 가져왔다. 이 항목들의 대부분은 관청색에서 관리하는 항목들로 이재는 수령의 많은 물품들을 대체로 관청색에게 말하여 조달하였던 것으로 보여진다.[69]

또한 이재는 이렇게 집으로 보낸 돈으로 토지를 구입 할 의사를 보이기도 하였다. 여결餘結이라 부른 은결隱結을 눈감아 준 대신 이 돈을 받을 방도를 강구하고 있으며, 이방이나 관청색에게 각종 물품을 얻고자 하였다. 다만 각종 물품을 조달받기 위해서는 명분이 있어야 했다. 이재의 명분은 효와 가족부양과 관련된 것이었다. 〈표 10〉에 나타난 바와 같이 관청의 물품을 증여하는 경우는 대부분 관혼상제와 관련된 것이기 때문이었다. 그에게서 노모를 편히 모시겠다는 생각 외에 다른 공의公義를 찾아볼 수가 없다.

그 명분이 어떠하더라도 관물의 개인적 사용은 개인 또는 집단의 이익을 위해 사용된 것이 일반적인 현상이었던 것이다. 이러한 인식은 이재가 목천현감을 제수받아 임지로 떠나기 전 서원교관西原敎官 김이운金履運이 조언한 수령이 누릴 수 있는 권한에 대한 언급에 잘 나타나 있다.

> 수령의 첫 번째 요무要務는 절용석비節用惜費에 있으나, 모친을 봉양하는 일은 조가朝家가 인지하는 바이다. 별실은 마땅히 데려와야 하나, 자부와 출가녀의 왕래는 서둘지 말고 형세를 보아 허락하되 경비를 절감하는 것이 좋다. 그런데 관직을 언제 그만둘지 모르니 절약하고 항시 수백 냥을 비축하여 만일에 대비해야 부채포흠負債逋欠을 면할 수 있다.
>
> ―『이재난고』6책

김이운이 이재에게 조언한 내용은 당시의 일반적인 수령들의 현실의식과 행태를 잘 보여준다. 그는 봉름으로 주어진 것을 최대한 아끼는 이유는 백성들을 위해 사용하기 위해서가 아니라 관직을 그

만둔 이후의 생계를 위해서였다. 노모를 모시라고 권유하며, 도덕적으로 비난의 대상이 될 수 있는 자부와 출가한 딸에 대해서는 눈치껏 도움을 주도록 조언하고 있다. 이는 성리학적 의식 체계가 지배하고 있는 조선사회에서 수령의 봉름을 사적 물욕을 위해 사용하고 축재하고 싶지만, 사욕을 드러내어 사회적으로 비난받는 것은 두려워 대의명분은 유지하는 모순적인 행태를 보여준다. 그렇지만 규정에 없는 것은 탐하지 않는 관리 이것이 다산이 이야기한 18세기와 19세기의 염리인 것이다.

천리에 해당되지 않는 행위들은 징계 대상이 되었다. 각종 암행어사 서계에 나타난 바에 따르면, 15두가 1석인 관수미를 20두로 늘려 받는 행위[70], 관수미의 가격을 올려 받는 행위, 주색으로 관수미를 모두 사용하고 추가로 지출하는 행위[71] 등은 징계 사유에 해당되어 파직을 당하거나 그 금액만큼을 변상해야 했다. 이는 자신에게 주어진 봉름보다 더 많은 관물을 사사로이 축재하려는 행위였으므로 사회적 윤리로서도 용인될 수 없는 것이었다.

문집 간행

지방 수령의 봉름을 이용한 대표적인 사적 지출은 문집 간행이었다. 조선왕조는 조선 전기에는 극소수의 인물을 대상으로 문집이 간행되었기 때문에 뛰어난 명현들의 유고가 흩어지거나 유실되는 경우가 많아 조정에서는 문집 간행을 권장하였다. 중국의 저술들은 대부분 인출되어 배포되었던 반면 조선에서는 명현의 저술이라도 간행되지 않아 이에 대한 비판들이 많이 나타나게 되었다.[72] 심지어 명나라 사신이 조선 학자의 문집을 열람하고자 하였으나 그 유고를 보여주질 못할 정도로 문집의 간행이 일반적이지 않았다. 이에 정부가 주도적으로 자손들이 보관하고 있던 유고들을 모아 문집을 간행하기도 하였다.[73] 변계량의 『춘정집春亭集』은 왕의 명에 의해 편찬되었다. 임금이 문집 간행에 적극 개입하여 집현전에서 교정을 보게 하고 경상도에서 간행을 지시하는 등 문집 간행에 큰 관심을 보여 변계량의 제자인 권맹손이 경상감사로 재직 시 간행하였다.[74] 이와 같이 정부가 주도적으로 문집 간행을 유도하였으나 문집 간행에는 많은 비용이 소요되기 때문에 이를 감당할 수 있는 지방 수령의 봉름을 이용하여 간행하는 것이 당연한 규례로 정착되었다.

> 송문흠宋文欽의 사위 김광묵金光默이 경상도 관찰사로 있으면서 한정당집閒靜堂集 봉급을 덜어 판각하고 약간의 책을 인쇄하여 사우士友들에게 나눠주었다.[75]

지방 수령이 문집을 간행할 수 있는 근거는 존현尊賢과 친친이었다. 조선왕조의 입장에서는 교화를 목적으로 훌륭한 명현들의 문집 간행을 통해 그들의 사상이나 문장들이 널리 알려지기를 원했으며, 수령들의 입장에서는 문집을 간행할 인적·물적 능력이 된다면 명현 중 자신과 관련이 깊은 조상이나 스승들의 문집 간행을 하기를 원했다. 후손이나 제자의 입장에서도 선조나 스승의 문집을 간행하는 것은 영광이었다. 봉름은 실질적으로는 사적인 취득이 가능하지만 윤리적으로 비난의 대상이 되어서는 안 되는 타당한 근거가 있어야 했다. 문집 간행이 친친과 존존에 위배되지 않는 행위였던 것이다. 이처럼 중앙에서 역대 명현의 문장을 보존하고자 하는 공적 대의와 선조의 유고를 보존하고자 하는 지방 수령의 사적 목적이 부합하면서 봉름을 이용한 문집 간행이 윤리적으로도 전혀 문제가 없는 행위로 정착되었던 것이다.

또한 친친이라는 점에서 문집은 수령과 사적인 인연이 있는 인물을 문집 간행해도 도덕적으로 전혀 문제가 없다. 그 결과 많은 문집이 직계, 외가, 처가 등 혈연 혼맥 관계와 학맥 등을 통한 사제관계가 중심이 되어 문집 간행이 결정되었다. 혈연으로 연결된 선조의 문집이라는 일차원적 관계 속에 문집이 간행되기도 하였지만 혼맥과 학맥이 중층 복합적으로 형성되어 간행을 부탁하는 경우도 많았다.

순천부사에 배수되었다. 순천은 남방의 병향病鄕이라 친구들이 대부분 공에게 가지 말라고 하였다. 그러자 공이 말하기를 멀리 가는 것이 어찌 내가 바라는 바이겠는가. 그러나 인신人臣의 의리에 있어 지역은 가릴 수 없는 법이고 또 조부의 유집遺集을 아직 간행하지 못하고 있다. 선친께서 능성綾城을 맡고 계실 때 뜻을 두었으나 소명召命이 촉박하여 뜻을 이루지 못했다. 그런데 불행하게도 이 해에 돌아가시고 말았다. 손을 꼭 잡고 후인에게 바라는 부탁이 없을 수 없었으니 소자인 내가 어찌 이를 잊을 수 있겠는가.[76]

조형趙絅의 아들인 조위봉趙威鳳은 1674년 능주목사로 부임하여 선친의 유집 『용재유고』를 간행하고자 하였으나 간행에 착수하기도 전에 중앙 관직으로 옮기게 되어 그 해 사망하였다. 이에 그의 아들 조구원趙九畹이 순천부사로 제수되었는데 주변에서 모두 서울에서 멀고 한촌인 순천에 부임하지 말 것을 권했으나, 그는 임금과의 의리와 조부의 문집 간행 때문에 순천부사에 부임하였다.

이렇듯 문집 간행은 봉름의 사적 이용이 허락되었지만 재해나 기근이 들었을 경우 문집 간행은 후순위가 되었다.

작년에 내가 경상도 관찰사를 맡고 있을 때 일찌감치 판본을 교정하고 행적을 첨가하여 영원토록 의발을 전하려는 뜻을 갖고 있었는데, 그 해 마침 큰 흉년이 들어 사사로이 일을 할 겨를이 없었다. 허둥지둥하다 곧바로 돌아와 이를 매우 한스럽게 여기던 차에 지금 대학사 오 공吳公이 이를 듣고 개탄하며 서문을 써주었고 익산군수인 중형仲兄은 묘갈명을 취하여 이를 판각하고 그 판을 산음현에 돌려보냈다.

위의 사례는 1696년 이선부李善溥가 경상도 관찰사로 부임하여 외조부 김지남의 『용계유고』를 간행하려 하였지만, 그해 큰 흉년으로 인해 사사私事로이 일할 겨를이 없다는 것으로 보아 당시 문집 간행은 공적인 일이 아니라 개인적인 일로 인식하고 있었음을 알 수 있다. 그러므로 공적인 영역인 기근에 대한 문제를 우선적으로 처리하는 것이 맞으며, 이는 봉름 사용의 우선순위가 백성들의 구제에 있음을 보여준다. 지방 수령은 관아의 물적·인적 자원을 동원하여 문집 간행을 추진하였지만 해당 고을에 경제적 어려움이 있을 경우에는 강제적으로 무리한 간행을 추진할 수는 없었다. 즉 문집 간행은 봉름에 여유가 있을 때만 간행할 수 있는 암묵적 동의가 있었던 것이다. 이처럼 혈연과 혼맥, 학맥이 복잡하게 얽혀 있는 관계

속에서 이들의 의식 세계에서는 넓은 의미에서의 가족이라는 개념이 깊이 자리 잡고 있었던 것으로 보이며, 문집 간행이라는 행위를 통해 그들의 가족주의적 사고가 자연스럽게 표출되었던 것이라 생각된다.

이와 같이 봉름의 사적 지출은 사회적 환경에 의해서도 제약되었다. 흉년이 들 경우 수령의 봉름 사용에서 명분이 가장 큰 항목은 백성들을 상대로 진휼하는 행위였다. 3장에서 본 것처럼 수령이 자신의 봉름을 덜어 진휼할 경우 가자하거나 포상한 것으로 보아 진휼 행위와 같이 해당 고을의 백성들을 위해 행하는 행위를 가장 높이 평가하고 있음을 알 수 있다. 반면에 흉년이 들면 문집 간행을 중단하였으며, 위의 인용문에서와 같이 노모나 가족을 데려오는 것도 고을의 사정에 따라 수행할 수 있었다. 이는 조선 사회에서 수령의 봉름은 관념적으로는 성리학적 공사관을 근거로 개인적인 용도로 사용할 수 있도록 허락되었지만, 현실적으로는 사적 영역으로 사용할 수 있는 범위는 존현이나 친친 또는 인정 등에 한하며, 백성들의 부담이나 공적업무와 상충될 경우에는 그 사용이 제한되었음을 보여준다.

그 외 화폐의 발전 여부나 조세 수취 방식에 의해서도 시기별로 다른 행태를 보이고 있다. 조선 전기의 『미암일기』나 『묵재일기』에 나타난 선물의 형태에 따르면 그 물품이나 지급 대상이 매우 광범위하였음을 알 수 있다. 화폐사용이 일반화되지 않고, 조세 수취 방법이 현물 중심이었으므로 지방 수령이 사용할 수 있는 현물이 매우 광범위하게 존재하였다. 그런데 현물은 장기보관이 불가능하며, 관에 예속된 노동력은 수령으로 재직하던 시기만 활용할 수 있으므로, 봉름의 사용 범위가 부모의 봉양은 물론 친구나 친지의 선물, 노동력의 사용을 재임기간 최대한 활용하였다. 그리고 이를 통해 자신의 재임 동안 베풀어준 선물을 수령이 끝난 후 다시 동료 수령들로부터 선물의 형태로 생활 물품을 받았음을 보여주고 있다.[77]

<표 11> 오윤겸의 수령 재직 시절 부모 봉양의 물품 내역

모친 병문안	숭어 1마리, 절병 1행담, 닭 1마리, 등유 2되, 잣 1두, 석이 1두
모친 병문안	백미 5두, 중미 5두, 찹쌀 2두, 밀가루 2두, 누룩 1동, 대구 5마리, 문어 1마리, 생전복 50개, 꿀 5되, 법유 3되, 해삼 3되, 저린 연어 1마리
누이 대상	술 3병, 절병 1행담
모친 병문안	팔물원(약)
조모 생신	상화병, 찐노루새끼 2마리, 꿩 5마리, 양색실과, 포목
부친 생신	소주 6병, 청주 2병, 수박 4개, 참외 6개, 가지 30개, 백미 1두, 중미 3두, 목미 1두, 찹쌀 5되, 노루 1마리, 꿩 7마리, 잣 1두, 적두 2두
부친서울행자	백미 9두, 밭쌀 10두, 꿩 5마리, 건어 5마리, 감장 1두, 간장 2되, 꿀 2되, 청주 8병, 털요, 관의 인마 제공

* 자료: 박미해, 앞의 논문, 195-196쪽.

그러나 18세기 이후 화폐 발달은 호혜의 형태로 관물을 나누어주는 형태에서 축재의 형태로 전환을 요구하였다. 〈표 11〉의 『이재난고』에 나타난 가족부양을 위해 수령이 제공한 물품의 종류는 16세기에 비해 상대적으로 제한된 상태였다.[78] 또한 19세기 이후에는 관수미를 돈으로 상정하였다.[79] 이는 대동법 이후 각종 물품으로 수납하던 조세가 쌀과 포 및 화폐로 전환되면서 나타난 현상이었다. 18세기 중반 이후는 화폐사용이 일반화되어 가는 시기였으므로 봉름을 화폐화하여 이를 축재의 수단으로 사용할 수 있게 되었다. 그리고 19세기 이후에는 봉름으로 지급된 화폐와 쌀과의 가격 차이를 이용한 무역을 통해 이서나 수령의 축재가 확산되었다.

이상과 같이 봉름은 유교의 이상적인 공사의 이념이 제도에 반영되어 실시된 봉급 시스템이다. 친친이라는 명분으로 직무 수행과 가계 운영의 공존이라는 바람직한 이상을 제시하고 있지만, 이상화된 명분은 현실에서는 많은 문제점들이 있었다. 대부분의 수령들은 봉름의 이러한 성격을 이용하여 축재나 가정을 부양하는 수단으로 생각하는 경향을 보이고 있는 것이다.

봉름의 지출을 위해 공을 수행하는 과정에서도 많은 문제를 보이고 있다. 수령 중 일부는 봉름 이외에 은결과 같은 부정한 방법을 통해 얻을 재물을 사욕을 가지고 요예를 구하여 명예를 얻거나 출세하기 위한 수단으로 진휼책을 펼치는 경우도 있었으며, 법질서의 강화와 함께 현조의 선양 사업을 통해 문중이나 학맥의 단결을 강화하면 할수록 문중이나 당파의 이익을 국가의 이익보다 우선하는 경우들이 증가하게 되는 경향도 증가하였다. 이는 구성원 이외의 가문이나 당파에 대한 배타성을 강화시켜 사회의 폐쇄성을 더욱 강화하는 방향으로 진행되는 경우가 많았다. 또한 가족의 부양을 위한다는 명분으로 봉름을 축재의 수단으로 삼는 경우가 더 일반적인 현상으로 나타난다.

나오는 말

　조선시대 수령의 봉름은 유교적 이념에 근거한 인치주의 그리고 공과 사의 개념 등에 기반한 조선사회의 기본원리를 잘 보여주는 시금석이다. 봉름을 통해 조선사회의 지방행정 시스템에 대한 이해를 넓힐 수 있으며, 일견 이해되지 않는 많은 의문들을 유교적 이념과 이상이라는 관점에서 이해할 수 있다. 수령의 봉름은 인치주의를 표방하는 성리학적 수령의 자율성과 맞물려 현재로서는 이해하기 어려운 수입과 지출구조를 보이고 있지만, 이는 성리학적 질서라는 측면에서 볼 때는 덕치를 위한 합리적인 시스템이었다.

　천리의 기본인 효, 그리고 이로부터 파생된 의리의 문제는 수령의 독특한 지위, 조선의 지방행정 시스템과 연계되어 봉름이라는 독특한 시스템을 온존시켜온 것이다. 조선 정부의 입장에서는 인격적으로 훈련이 된 유학 관료들을 통해 자율성 높은 지방행정을 구현하고자 하였으며, 이는 곧 인치라는 특징으로 나타나게 되며, 지방재정권에 있어서도 그들의 재량권을 최대한 보장하는 방향으로 온존시켰다. 한편에서는 어사 파견이나 관찰사의 포폄 등으로 감시·감독을 강화하는 전략을 통해 인치로 인한 부작용을 최소화하려한 노력을 경주해 왔다.

그럼에도 불구하고 천리와 의리의 충돌을 피할 수 없었고, 수령의 예산 재량권에 대한 정의가 모호하여 지역마다 봉름의 규모가 다르고, 운영방식도 매우 다르게 나타났으며, 이는 지방 수령의 부패로 연결되는 결과를 초래하였다. 특히 균역법의 실시 이후 중앙재정이 궁핍해지면서 연쇄적으로 지방재정이 악화되자 정부의 감시·감독 강화에도 불구하고 지방에서 임의로 수세할 수 있는 항목이 많아지면서 수령의 봉름에 대한 일탈적 행위는 보다 쉽게 가능하게 되었다.

그 결과 다산이 지방 수령의 청렴에 대한 『목민심서』의 아래 내용은 봉름의 이상과 현실이라는 점에서 상당한 의미를 갖는다.

"**청렴**에는 세 등급이 있다. 최상의 것은 **봉급**[俸] 외에는 아무것도 먹지 않으며, 벼슬을 그만두고 집으로 돌아가는 날에 한 필의 말로 시원스럽게 가는 것이니, 이것이 **옛날 말하는 염리**廉吏라는 것이다. 그다음은 봉급 외에 **명분**이

바른 것은 먹고 바르지 않은 것은 먹지 않으며, 먹고 남은 것은 집으로 보내는 것이니, 이것이 **중고의 소위 염리**라는 것이다. **최하의 것은** 무릇 이미 예규가 서 있는 것은 비록 명분이 바르지 않더라도 먹지만 **규례**가 서 있지 않는 것은 먼저 죄를 먼저 짓지 않아서, 향임의 자리를 팔지 않으며, 재감을 훔쳐 먹거나 곡식을 번롱하지 않으며, 송사·옥사를 팔아먹지 않으며, 조세를 더 부과하여 나머지를 더 착복하지 않는 것이니, 이것이 오늘날 말하는 염리하는 것이다. 모든 악을 갖추어 있는 자가 오늘날 도도한 대세를 이루고 있다."[80]

즉 다산이 살던 19세기 지방 수령의 염리는 성리학적 이념에 충실해야 하지만 결과적으로는 법적으로 위배만 되지 않으면 청백리가 되는 결과를 낳게 되었다. 법적 규정이 명확하지 않은 상황에서 봉름 시스템은 개항 이후 변화를 요구받게 된다. 서구적 공사 개념과 서구의 근대적 관료 시스템과의 괴리는 인치주의의 변화를 요구받게 되고 1894년 갑오개혁으로 인한 관1제 개편과 함께 '봉름'이 아닌 '봉급'의 형태로 변모할 수밖에 없게 된다. 이는 봉름으로 대표되는 성리학적 관료 시스템의 변화가 시작되었음을 의미한다.

◈ 주석

1. 수령과 봉름

1 최정환, 「조선 전기녹봉제朝鮮前期祿俸制의 정비整備와 그 변동變動」, 『경북사학』 5, 경북사학회, 1982.
2 『매산집』 권47, 행장行狀/연안 부사 홍공 행장(延安府使洪公行狀).
3 『우서』 권7, 중앙 관청들이 지출하는 공비公費를 논의함.
4 이헌창, 「18세기 황윤석가의 경제생활」, 『이재난고로 보는 조선 지식인의 생활사』, 한국학중앙연구원, 2007, 383-386쪽.
5 『매산집』, 앞의 책.
6 『경세유표』 권8, 「지관수제地官修制」 전제 11.

2. 봉름의 구성 및 규모: 인치

7 이긍익, 『연려실기술』.
8 아전이나 공인 등 벼슬이 없는 사람들은 노동으로 봉사하는 국역을 수행하는것이므로 따로 봉급이 책정되어 있지 않으며, 다만 식대를 제공하기 때문에 이들의 댓가는 료料라고 표기한다.
9 『속대전』 권2, 「호전」.
10 『여지도서』, 저평군 봉름조에는 아록위와 공수위를 합쳐 55결結이고 이로부터 쌀[米] 20석 8두 2되를 수취하였으며, 기름과 꿀, 종이, 소금, 보리 등은 교역을 통해 조달하고, 세곡으로 거둔 콩 10석 1말 8되를 거둬 간장醬을 만들었다고 기록되어 있다.

11 『경세유표』 권7, 「지관수제地官修制」 전제 8.
12 다산 정약용의 『경세유표』(經世遺表 卷七 地官修制 田制 八)에 따르면, 원래 관둔전은 관졸들이 식량으로 제공된 토지이며, 늠전이 아니지만 지금은 그 수령[官長]이 봉름으로 사용하고 있다고 한다.
13 시기적으로도 1757~1765년에 걸쳐 간행된 『여지도서』와 1895년에 간행된 각 군현의 읍지에 기재된 토지 규모는 거의 동일하였으며, 인구 변동도 큰 변화가 없어 각 군현에서 수취하는 세금 규모는 큰 변화가 없다.
14 『임관정요속편臨官政要續編』, 用財章.
15 『경세유표』 권7, 「지관수제地官修制」 전제 9.
16 『경세유표』 권7, 「지관수제地官修制」 전제 9.
17 『속대전』 권2, 「호전」, 유부繇賦 대동법 조에 따르면 대동법을 실시하고 있으나 중앙부처에 상납해야하는 공물을 기재한 공안貢案을 각 도에 내리면 각 도에서는 각 군현이나 군영에 내려 백성들로부터 거둬들이고 있다고 한다.
18 『여지도서』, 금천군, 봉름조에 따르면 기존의 수세 외에 관둔전 43결 20부 3속과 답 2결 64부를 별도로 마련하여 부족한 세수를 보충하고 있다.
19 『태종실록』 권22, 태종 11년 8월 25일.
20 『여지도서』, 용인현, 봉름조. 용인현의 경우 상납해야 하는 전세 중 일부인 쌀 8석과 콩 6석 10두를 공수위로 대체하고 있다.
21 『여지도서』, 통진부, 봉름조, 통진부는 아록위 55결에서 수취한 쌀 14석 5두를 전세가 아닌 호조로부터 지급받고 있다.
22 「호서대동사목」에는 각 군영과 군현의 관수는 오위장군관요미와 각 관의 기름과 꿀[油淸], 종이, 사객지공미를 포함하고 있음을 밝히고 있다.
23 『여지도서』, 여주목 봉름조 여주목의 사례에서 보면 사객지공미 쌀 8석 5두를 대동세 명목으로 세금을 거둬 사용하고 있다.

24 『여지도서』, 중화부, 봉름조, 평안도 중화부의 경우 쌀 241석을 비롯 밀, 콩, 참깨, 들깨, 면화, 팥, 찹쌀, 기장, 녹두, 밀가루 등 300석 이상의 재원 중 일부는 관수전으로 조달하고 있다.[官結收捧]

25 『여지도서』, 평양부, 봉름조, 평안도 평양부의 경우 각종 곡식을 아록과 공수위 형태로 수취하고 있으며, 이를 백성들의 토지로부터 수취하고 있다.[民結收捧]

26 『여지도서』, 청도군, 봉름조, 경상도 청도군의 경우 대동법 이후 수취하지 않던 나무, 땔감, 볏짚, 꿩, 닭의 조달을 군역법이후 백성들의 토지로부터 결당 5전 5푼식 받아 이를 다른 곳으로부터 조달[貿用]하는 결전結錢항목이 추가되었다.

27 『여지도서』, 양근읍지 봉름조 "除雜役里結錢" 제역촌은 모든 역이 면제가 되는 것이 아니라 조선시대 특정한 역을 전담시키기 위하여 국가가 다른 역 부담에서 제외시켜 준 마을이다. 제역촌은 읍치 지역 운영을 위한 읍내촌을 비롯하여, 향교·역驛·원院·병영·수영·점店·창고·포浦·고개[嶺] 등 특수한 업무를 담당하는 기관과 기구를 중심으로 설치되었다. 심지어 재지사족의 묘촌墓村과 복주촌福酒村, 사찰 주변의 사하촌寺下村도 제역촌에 포함되었다.

28 『임관정요』, 用財章.

29 『승정원일기』, 영조 15년 6월 5일.

3. 봉름의 공적 지출: 덕치

30 『승정원일기』, 숙종 31년 12월 9일.

31 오횡묵이 고성에 재임한 1893년 3월부터 1894년 8월까지이나 부임을 시작한 1개월은 업무파악으로 그리고 1894년 4월 이후는 민간소요로 인하여 지출사항에 대한 기록이 상대적으로 많이 소략하여 생략한다.

32　출판에 사용한 종이금액 등이 없어 실제 출판비보다 과소평가된 금액임.
33　일기에는 진휼에 대한 총금액을 기재하지는 않았으므로 총금액을 알 수는 없다.
34　이헌창, 『이재난고로 보는 조선 지식인의 생활사』, 「18세기 황윤석가의 경제생활」, 한국학중앙연구원, 2007, 393-398쪽.
35　혼례나 제례 및 각종 의례에 필요한 순서를 기재한 글로 의식의 목차나 차례를 적은 문서임.
36　이성임.
37　『국역 고성총쇄록』, 1893년 5월 12일.; 같은 책, 5월 15일, 183-191쪽.
38　『국역 함안총쇄록咸安叢鎖錄』, 1890년 5월 20일.
39　『속대전』「호전」, 비황備荒 각읍진곡各邑賑穀.
40　『속대전』「호전」, 비황備荒 제도빈해諸道瀕海. 전라도임파의 나리포창羅里鋪倉의 곡식으로 제주의 3개읍을 구제하였으며, 경상도 연일의 포항창의 곡식으로 강원도와 함경도 2개도를 구제하였고, 함경도의 교제창交濟倉의 곡식으로 강원도와 경상도를 구휼하기도 하였다.
41　『국역 함안총쇄록』, 1891년 5월 17일, 1178-1179쪽; 『국역 함안총쇄록』, 1891년 12월 28일.
42　『국역 고성총쇄록』, 1893년 5월 23일, 361쪽.
43　『국역 고성총쇄록』, 1894년 4월 17일.
44　『국역 고성총쇄록』, 1894년 1월 11일, 379쪽.
45　『국역 함안총쇄록』, 1891년 2월 22일, 292쪽.
46　『국역 함안총쇄록』, 1893년 2월 20일, 1180쪽.
47　『목민심서』 권16, 戶典 平賦 上.
48　『목민심서』 권16, 戶典 平賦 上.
49　『대구부사례』, 戶長, 藁草.

50 『승정원일기』, 영조 15년 6월 5일.
51 『영조실록』 권90, 영조 33년 10월 9일.
52 『맹자』, 「공손추장구」 상 '우물에 빠지려는 아이를 구하는 것은 친구나 마을 사람에게 요예를 얻기 위해 하는 행위가 아니다.' 여기에서 요예는 명예를 탐한다는 뜻으로 사용된 용어이다.
53 『조선왕조실록』, 영조 15년 1739년 8월 7일.
54 『국역비변사등록』, 영조 15년 1739년 8월 7일.
55 『번암집』 45권, 자헌대부 이조판서 겸 지경연의금부춘추관사 월성군 경절공 손공 신도비명資憲大夫吏曹判書兼知經筵義禁府春秋館事月城君景節公孫公神道碑銘.
56 생사당은 감사나 수령의 치적이나 선정을 찬양하기 위해 그가 살아 있을 때부터 백성들이 제사 지내는 사당을 말한다.
57 『인조실록』, 1631년 12월 12일.
58 『영조실록』, 1725년 1월 23일.
59 『목민심서牧民心書』, 해관解官 제6조 유애遺愛.
60 先覺, 「總論」. "爲除些少之弊, 爲施徵稅之惠, 以圖目前 之稱譽而不覺犯法者, 世多有之."
61 권기중, 「조선 후기 수령의 업무 능력과 부세 수취의 자율권」, 『역사와 담론』 67, 호서사학회, 2013, 244쪽.
62 홍해뜸, 「조선 후기 목민서 『先覺』의 편찬과 수령정치론」, 『동방학지』 199, 연세대학교 국학연구원, 2022, 193-194쪽.

4. 봉름의 사적 지출: 공과 사의 공존과 충돌

63 『조선왕조실록』, 현종 4년 11월 6일.
64 이원택, 「현종조 복수의리 논쟁과 공사개념」, 『한국정치학회보』 35(4), 한국

정치학회, 2001.
65 이승연, 「종법과 공사론」, 『동야사회사상』 7, 동양사회사상학회, 2003, 168-174쪽.
66 권향숙, 「주희의 공과사」, 『철학논구』 30, 서울대학교철학회, 2006, 28-32쪽.
67 이헌창, 「18세기 황윤석가의 경제생활」, 『이재난고로 보는 조선 지식인의 생활사』, 한국학중앙연구원, 398-400쪽.
68 이때 3월 삭의 여미라는 것은 자신이 사용할 수 있는 아록위, 공수위, 사객지공미, 관수미 중 쓰고 남은 몫을 의미한다.
69 물론 명분이 있더라도 원하는 만큼 받을 수 있는 것은 아니며, 소비하고 남은 또는 재고에 있는 물품들을 증여하였던 것으로 보여 진다. 흥해부 사례에도 나타나 있지만, 가족을 데려와 살 때 지급하는 곡식의 양이 아침·저녁은 7홉, 점심은 6홉으로 규정되어 있기 때문이다.
70 『승정원일기』, 1874년 11월 2일.
71 『승정원일기』, 1878년 3월 15일.
72 『선조실록』 권2, 선조 1년 6월 29일.
73 『중종실록』 권13, 중종 6년 3월 14일.
74 安止, 『春亭集』, 「春亭集舊序」.
75 宋時淵, 『閒靜堂集』, 「閒靜堂集跋」.
76 趙德鄰, 『玉川集』 권12, 「順天府使趙公墓碣銘」.
77 이성임, 2005, 58-75쪽.
78 물품의 종류가 줄어들었다고 해서 봉름에서 사적으로 사용할 수 있는 금액이 감소하였다는 것을 의미하지는 않는다. <표 6>과 <표 7>에 나타난 금액을 직접 비교할 수는 없으며, 또한 정보의 편의가 있는 일기 몇 종류 만을

대상으로 그 금액의 다과를 비교할 수는 없다. 그러나 만기요람에 환산기준을 토대로 오희문과 『이재난고』에 기록된 가족봉양을 위해 수령이 가족들에게 지급한 금액을 살펴보면 18세기의 규모가 결코 16세기에 비해 적었던 것은 아님을 알 수 있다.

79 『승정원일기』, 1874년 11월 2일.

나오는 말

80 정약용, 『역주 목민심서』, 106-107쪽.

참고문헌

1. 자료

『경국대전』.
『경세유표』.
『만기요람』.
『목민심서』.
『성학집요』.
『여지도서』.
『이준록』.
『선각』.
『대구부사례』.

2. 단행본

김덕진, 『조선 후기지방재정과 잡역세』, 국학자료원, 1999.
손병규, 『조선왕조 재정시스템의 재발견 −17~18세기 지방재정사 연구』, 역사비평사, 2008.
오횡묵, 『경상도 함안총쇄록』, 함안문화원, 대보사, 2003.
_____, 『국역 고성총쇄록』, 고성문화사, 2007.
장동표, 『조선 후기 지방재정연구』, 국학자료원, 1999.
황위주 외, 『영남지역 생활사 자료집성2 − 중기Ⅱ』, 경북대 영남문화연구원, 2010.

한국학문헌연구소, 『읍지2: 경상도편』, 아세아문화사, 1983.
미조구치 유조, 『중국의 공과 사』, 정태섭·김용천 옮김, 신서원, 2004.

3. 논문

구완회, 「조선 후기의 수취행정과 수령의 '요예'-17세기 중엽에서 18세기 말까지를 중심으로-」, 『경북사학』 14, 경북사학회, 1991.

권기중, 「조선 후기 수령의 업무 능력과 부세 수취의 자율권」, 『역사와 담론』 67, 호서사학회, 2013.

권향숙, 「주희의 공과사」, 『철학논구』 30, 서울대학교철학회, 2006.

김옥근, 「조선조 지방재정의 세입구조 분석」, 『경제학연구』 30, 한국경제학회, 1982.

김재호, 「재정제도의 변화와 부패」, 『경제사학』 36, 경제사학회, 2004.

류택일, 「성재선생문집 간행의 출판사회학적 분석」, 『한국문화연구』 3, 부산대학교 한국문화연구소, 1990.

박미해, 「조선중기 수령의 가족부양으로 본 장자의 역할과 가의 범위 : 오희문가의 평강생활을 중심으로」, 『사회와 역사』 75, 한국사회사학회, 2007.

손계영, 「지방관과 선조 문집 간행」, 『영남학』 15, 영남문화연구원, 2009.

안병우, 「고려말 조선초의 공해전: 재정의 구조와 운영과 관련하여」, 『국사관논총』, 1989.

이성임, 「16세기 조선양반관료의 사환과 그에 따른 수입 : 유희춘의 미암일기를 중심으로」, 『진단학보』, 진단학회, 1995.
이성임, 「조선중기 양반관료의 '칭념'에 대하여」, 『조선시대사학보』 29, 조선시대사학회, 2004.

_____, 「16세기 양반사회의 선물경제」, 『한국사연구』 130, 한국사연구회, 2005.

이승연, 「종법宗法과 공사론公私論 : 주자의 종법 사상을 중심으로」, 『동양사회사상』 7, 동양사회사상학회, 2003.

이승환, 「한국 및 동양의 공사관과 근대적 변용」, 『정치사상연구』 6, 한국정치사상학회, 2002.

이영훈·박이택, 「농촌미곡시장과 전국적 시장통합, 1713~1937」, 『수량경제사로 다시 본 조선 후기』, 이영훈 편, 서울대학교 출판부, 2004.

이원택, 「현종조의 복수의리 논쟁과 공사관념」, 『한국정치학회보』 35(4), 한국정치학회, 2001.

이재룡, 「조선 전기의 녹봉제」, 『숭실대학교 논문집』 5(1), 숭실대학교 출판부, 1974.

이헌창, 「18세기 황윤석가의 경제생활」, 강신항 외 『이재난고로 보는 조선 지식인의 생활사』, 한국학중앙연구원, 2007.

정만조, 「조선 현종조 사의·공의 논쟁」, 『한국학논총』 14, 국민대학교 한국학연구소, 1991.

채광수, 「조선시대 선정비 건립과정과 시기별 추이」, 영남대학교 석사학위논문, 2009.

최정환, 「조선 전기 녹봉제의 정비와 그 변동」, 『경북사학』 5, 경북사학회, 1982.

홍해뜸, 「조선 후기 목민서 先覺의 편찬과 수령정치론」, 『동방학지』 199, 연세대학교 국학연구원, 2022.